無名氏全集第一卷下冊

塔裡的女人

—新文學第一暢銷愛情小說—

卜寧（無名氏）著

文史哲出版社印行

國家圖書館出版品預行編目資料

塔裏的女人 / 卜寧著. -- 初版. -- 臺北市：
文史哲, 民 87
面： 公分. -- (文學叢刊；76) (無名氏全集；第一卷)
ISBN 957-549-157-2(平裝)

857.7 87009442

文學叢刊 ⑯

無名氏全集第一卷下冊

塔裏的女人

著　者：卜　寧（無名氏）
出版者：文史哲出版社
登記證字號：行政院新聞局版臺業字五三三七號
發行人：彭　正　雄
發行所：文史哲出版社
印刷者：文史哲出版社
臺北市羅斯福路一段七十二巷四號
郵政劃撥帳號：一六一八〇一七五
電話 886-2-23511028・傳眞 886-2-23965656
實價新臺幣二四〇元
中華民國八十七年十月初版

ISBN 957-549-157-2

「無名氏全集」第一卷下冊 目錄

塔裡的女人

塔裡的女人　·2·

這是「塔裏的女人」女主角黎薇的真人瞿儂小姐在
園子裡所攝芬影（詳閱照片說明）

這是「塔裏的女人」女主角真人瞿儂女士
自感憔悴時所攝小影

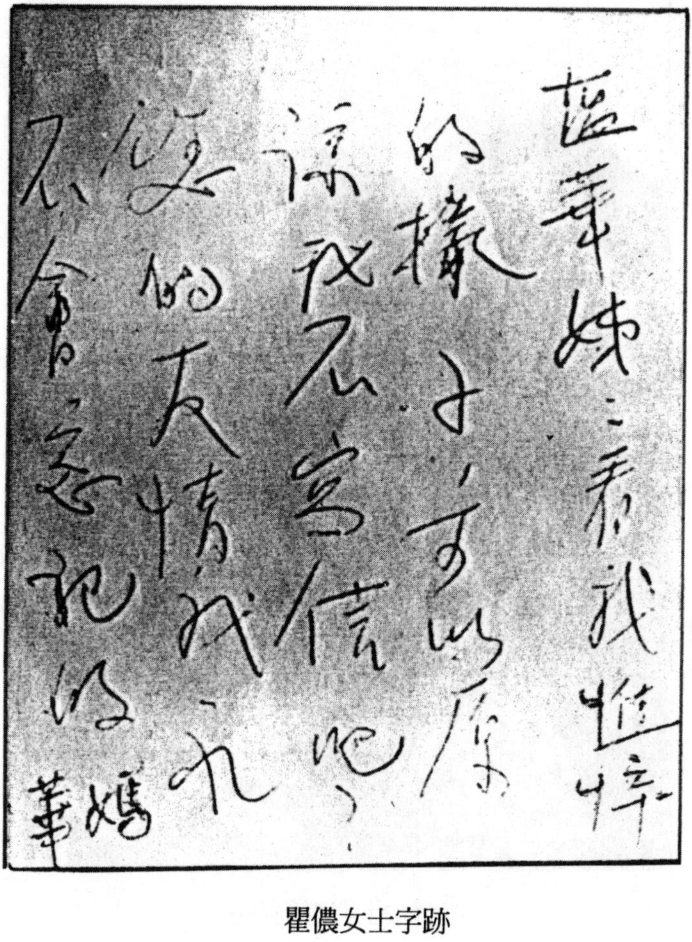

蕙華姊姊看我憔悴的樣子，可以原諒我不寫信吧？你的友情我永永不會忘記的　華嫣

瞿儂女士字跡

瞿儂女士與兩個孩子

「塔裡的女人」圖片說明

「塔裡的女人」女主角黎薇，眞名瞿儂，南京中央大學中文系畢業，是名滿全校的美女。我一直想找她的照片，卻「踏破鐵鞋無覓處」。說也湊巧，大概上帝憐憫我的「尋尋覓覓」吧！後來竟「得來毫不費功夫」。事情經過如下，當年著名國際評論家羅吟圃兄是我好友，「塔裡的女人」書名就是移花接木，借貸了他的一篇散文佳作的名字，而男主角所以名羅聖提，我是借了他的姓，又貸了他的好友曾聖提的後二字（曾是聖雄甘地學生，曾在後者身邊學習數年），這就看出我倆的交情了。大陸易幟，他們夫婦移居香港，想不到他的妻子陳蘊華女士竟與瞿儂成爲閨中膩友，時相過從。但蘊華完成了一件又殘忍又慈悲的幾乎可算驚人之舉，交往十幾年，她居然絕不讓好友知道我已把她的故事公開於百萬讀者之前。也許這也算是我佛絕大慈悲吧！瞿儂若看完「塔」，不知道會怎樣恨我哪！再說，千千萬萬讀者已爲此書灑淚，她親閱它後，更不知九曲迴腸寸，斷到什麼程度！其痛苦又是怎樣慘不忍睹。因爲，數十年來她渾身血淋淋，創口好不容易才多半結疤，現在又逼她回到淋血狀態，這多麼可怕！蘊華絕對保密確是有道理的。而瞿儂的「悲觀症」大約已病入膏肓，這才絕不看任何小說。

後來瞿儂全家遷南美洲，若干年後她病故，但蘊華仍懷念她。她與吟圃移民美國洛杉磯，我們恢復通訊後，某日，我忽接她一幀照片，說這就是我遍尋已久的瞿小姐，是這位大美人在一座園子裏拍的。她戴白色頭巾，著白衣，偎傍著一棵樹，微彎著身子，似在撫弄花草。相片雖年代久遠，泛暈黃色，眞形相當模糊，但殘露的依稀可辨的美麗的輪廓，單是她那派瀟灑出塵的風度，鮮緻的生命光彩，氣韻生動的靈性，雖不好說是傾國傾城，也夠得上天姿國色了。我爲我本人及本書讀者慶幸，這位曾風傳千百萬人之口的美女，終算翩若驚鴻，一顯廬山眞面目了。

對這幅若隱若顯幾乎接近模糊的美人輪廓，我自不滿足，遂函請蘊華寄我更清晰的。數年後，她又寄我三幀攝影。一張是瞿儂中年照片，片後有五行字，是：「蘊華姊：看我憔悴的樣子，可以原諒我不寫信吧！你的友情我永遠不會忘記的。嫣華」。從字跡看來，她的心情很亂。她爲什麼自稱嫣華？是否與蘊華要好後，才取此名？

據蘊華有一次來信說，因爲瞿儂婚後一直思念周善同，（「塔裡的女人」男主角羅聖提的眞名，）依舊熱愛他，丈夫唐子長恨極，有時就毒打她。在香港時，有一回，她把渾身傷痕露給蘊華看，青一塊紫一塊的，後者幾不忍卒睹。從這些事看來，婚後的她，不知度過多少悽慘的歲月！比「塔裡的女人」所寫的眞象要悲痛好幾倍。

唯一安慰她的或許是孩子。蘊華寄來相片中，有一幀是瞿儂與二子小照。兩個孩子相貌出衆，一望皆知異常聰穎。她也露出笑容，這或許是她眞正愉快的時刻。她的雙眼仍放射一片略帶「魔」性的魅力，而這點「魔」，或許是她痛苦婚姻的變形、提煉。

一九八五年十一月，我赴美國演講，在洛杉磯吟圃家中住了幾天，可算歡聚，暢敘，詳見拙作散文「橘子」。蘊華說家中還有一些瞿儂的資料、照片、信件，及其他。將來應屬於我這個最有資格的保存者。等她有閑暇，她會抽空整理出來，寄給我的。爾後她當眞綑紮了一個小包。但尙未寄出，就生病，被霍金生病（毛澤東就是患此症而死），所糾纏，記憶也喪失了，竟不知這個小包置於何處。我那忍麻煩這個病人去細找？數年前她逝世，接著，去年十二月，吟圃也物故了。據說上午還囑咐女佣服侍他洗個熱水澡，沐後，躺在睡椅裏休息，過了些時候，女佣來看他，發現她已睡「過去」了。這倒很幸福。從小睡到永睡，無病無痛，而且沐浴後，渾身一定感到很舒服。他享年九十一歲，算是長壽了。我爲失去我最敬愛的老友而悲傷，又爲他「無疾而終」覺得安心。至於瞿儂那一小包資料，現在已屬微不足道的小事了，雖說仍感有點遺憾。

必須申明的是：「塔裡的女人」的故事完全眞實，僅結尾補充了一點情節，又在開首作了點化裝，那是爲了藝術效果。

我原本想搜尋善同青年時的像片，那應該是颯爽英姿，相當帥氣的生命，可惜並無結果。在紅色政權時代，善同曾任長沙衛生局局長。他妻子陳女士一度托人與我聯繫，我卻未把握住機會。等我托湖南文聯友人打聽她家地址、電話時，回信是無迹可尋。今春忽得簡單通知，說善同近已病故，卻又不寫地址，我只得望紙長嘆：與此公西安一別，已五十四載，不料那一別就是永別了。但我仍得萬分感謝他與他的故事，他畢竟助我完成一件小小藝術品，歷經半個世紀的考驗，它穿越狂風暴雨，甚至一場颱風，今日依然光輝無恙的存在。而每一想起文革期那幾十萬冊「塔」的大陸手抄本，我總是多少有些受寵若驚的感受。

塔裡的女人

第一章

一千九百四十四年春天，在寫完「北極風情畫」的兩個月後，我感到一種出奇的悶鬱。爲什麼會這樣？原因我不大清楚。也許，這是一種周期性的情緒潮汐作用吧！這段時期，常常的，好些日子，我不能看一行書、寫一個字；有時候，接到朋友來信，都懶得拆看一下，就擦根火柴，把它燒燬了。我不相信友誼，我不希望友誼，同時，我也不以爲人間眞有什麼友誼。過去，我因爲把它的價値估計過高，結果，不是捱罵，就是受騙。世界像一艘快沉的船，每一個搭客只顧救自己，連向別人投同情的一瞥全不屑，更何況伸出手？我想：「世人大多是自私的，這是宇宙間的天經地義，不同是：有的人明白自己自私，有的卻連這點『明白』都沒有而已。」我承認我自私，我明白我自私。爲了叫別人少受我的自私所損害起見，我只有尋求孤寂，設法遠避人群。當然，這種想法、做法，是相當接近厭世者的風格了，我可不管！

生活太單調了，想找點刺激。西安是一片荒城，沒有半點刺激可得，我不禁想起華山。我暗自思量：去年在華山休養半年，曾經治好我的腦病，並且，無意中找到「北極風情畫」這樣的材料。現在，腦病似乎又發了，我何不再找華山這位醫生？這樣，不僅可以休養精神，說不定還會尋到類似「北極風情畫」的新題材，那麼，我不又可以給西安讀者談點新鮮故事麼？生命太短，新故事難得。假使我眞能從旅行中覓取一些人生的珍珠寶石，即使拿整個生命做萬一代價，也是値得的。

計議既定，這年陽曆四月中，我當眞又訪華山去了。在所有朋友中，它是唯一値得我崇拜、留戀的友人，它對我永遠忠實、坦白、不變。任何時候，只要我願意找它，總可以得到若干安慰的。

這一次登華山，我在峰頂只盤桓四天，就下來，寓居玉泉院。我所以不願意像去年住在峰巓，一來因爲天氣冷，二來因爲太空寂。目前，我雖然討厭人群，卻還不想完全離群索居。玉泉院位於山腳，按華山觀點，雖算山下，從城市觀點看，卻又算是山上了。我最愛玉泉的，是它的泉水。它終古常新，透藍，淨極了。此時，日光已很溫暖。一早起來，在紅色朝陽光裡，我衝到山澗溪流中，作裸體冷水浴，水像大理石似的，給我又冰冷又光滑的刺激。這種冷水灌背的痛快，比火熱夏天吃冰淇淋還妙。我覺得自己新鮮極了，也聖潔極了，我的裸體比聖貞女還神聖，還純潔，沐浴以後，我踱到附近村中豆腐磨坊內，喝一大碗新鮮豆漿，加了許多糖，順便向農人買兩個新鮮雞蛋，攪入豆漿裡，借農家灶火，加工煮熟。村中有幾條牛，我偶爾毛遂自薦，替他們牧放，騎上牛背，遠遠跑到華山腳下草場中。我帶了一些美味奶油糖，挾一本小說，抵目的地後，跳下牛背，讓牠靜靜嚙草，自己卻仰躺草地上看書、吃糖。這段時期，我最愛讀紀德。這位法蘭西當代大散文家給我的印象，直似清晨一場泉水浴，鮮緻極了，也涼快極了。我像啜飲清涼泉水似地，讀他的「大地的糧食」和「新的糧食」。

我輕輕朗誦著：

……在枝頭雀躍的斑鳩，——在風中搖動的枝條，——吹側小白船的海風——在掩映於枝葉間的海上，——頂上泛白的波浪，——以及這一切的歡笑，蔚藍，和光明，——我的妹妹，是我的心在對自己講述，——在對你講它的幸福。

……我偃臥在地上。我的近旁是樹枝，排滿了鮮明的好果實，直垂到草地上，它點觸青草，它擦過、它撫摩最柔嫩的草穗。一陣鳩聲的重量在把它搖曳。

我朗誦著，朗誦著，就昏睡在陽光裡，渾身說不出的舒服。

午後，我把全部時間消磨於玉泉院花園內。或躺臥陳摶老祖的鼾睡處，或坐「無憂亭」，或是棲止玉泉畔。花園內，到處是泉水聲，無論看書、寫作、思想、走路，都聽見水音。我似乎並不生活在人間，而是活在泉水中。我滿心滿眼嘹響著泠泠水。我好像「華爾滋之王」的史特勞斯，獲得「藍色多瑙河」一曲的靈感，思想裡充滿水，水，水，……

晚飯後，我不是和道士談天，就是傍溪水散步。我歡喜躺在一塊潔白大石上，聽泉水悠悠流。水聲空靈，瑰麗，彷彿不是沿我腳下流，是貼著我心口流。並不是它挨著我心上唱，而是一個女孩子輕輕偎著我耳螺唱，唱一些美國黑人所愛唱的原始情歌，最最單純的，也最最濃豔的。

生活裡盡是泉水，沒有塵土，自然有一種出奇的靜，高潔。住不到一星期，我的情緒就沉下去了，我覺得，自己漸漸懂得生命了。我愛這種靜，這種超然。在這片氛圍下，我的心情似乎極宜寫作，只是一時還找不到素材。

這一星期內，情調如此和平，生活直是一條寧謐川流，無波無浪，唯一稍引起我好奇的是：每個晚上，幾乎都做著同一的夢，夢見一泓美麗而憂鬱的提琴聲，感動得我想流淚。

廟裡一些道士大都很俗氣，我和他們幾乎談不出所以然。其中只有一個老道，例外的有點吸引我。這老道年約五十左右，鬚髮斑白，額上皺紋重疊，似乎藏滿了深沉的憂患。他的大眼睛異常陰鬱，經常總愛迷茫的眺望遠方，不大願意看人。居常無事，他愛躲在房內看舊書，或坐在泉水邊沉思，一直保持深深的沉默，不大輕易啓口。偶開口，也是兩問一答，或唯唯否否，不說具體意見。據道士們說，他入山時日並不太久，但像貌舉止、卻比任何道士更像道士。別的道人苦修一輩子，還不能培養出閒雲野鶴的風度，他並不銳意苦修，意態行止間，天然就現出瀟洒大方，超凡脫俗。

這老道本名業已湮滅，法名覺空，這名字更像和尙。實際上，他對佛教的興趣，遠過於道教。在他房裡，我就發現不少佛經。他平日讀書，也以佛經爲多。聽別人說，他所以皈依玉泉，與其說是爲了修道，不如說是愛華山這片淨土。入夏以後，他打算搬至山頂長住，不想再下來了。

我對覺空，一天天的發生興趣。像一個採礦師，從他身上，我呼吸到一種礦的氣息。我想：「這個人身上，總藏著一點什麼寶礦，要不，他絕不會有這種吸引力的。」自然，這吸引力，也只是對我而言，別人不輕易感到的。

有一天，我沿溪邊漫步，發現一件小小怪事：覺空獨坐溪旁，不時把一片片枯葉輕輕投入水中，看它悄悄流下去。他沉迷於這份境界，臉上顯出苦笑。他這樣繼續了半點鐘，有幾十片枯葉隨水流走了，他才嘆了口氣，站起身，返回廟內。他似乎沒有注意到我在附近。

這天以後，我對他更注意了。苦惱的是，這個人不大輕易開口，儘可能裝聾做啞，好像什麼也不懂。我用盡方法，想和他攀談，總辦不到。他的嘴巴似乎已封上幾道鎖，沒有特殊鑰匙，無法開啓。他大約早已發現我在注意他，一見到我，就有點迴避的樣子。無論在哪裡，只要我，汽車喇顯李杜將軍的胖胖臉孔，免單獨和我相處。平常，我偶然上他房裡去，他只是世故的接待我，不願意和我眞談什麼。我即使問起他的過去，他也把話題岔開，或者糊糊塗塗答：「唔，唔，我忘記了，我記不清了。……」

他越是沉默，迴避，我越是窮追不已。我用千方百計巴結他、籠絡他、接近他，他只在禮貌上對我表示友善，卻始終不想和我談一點正經事。

對於這位沉默的怪人，我簡直束手無策了。我開始感到苦悶。

苦悶中，一個月夜，我獨坐房內，看窗外月亮，細想人生中的許多神秘事。四個多月前，我在落雁峰巔，邂逅那位怪客，他用「北極風情畫」故事，在人生中爲我打開一扇窗子，逼我看清窗外一些神奇現象。這些現象，過去雖常出現身邊，我卻從未窺出深刻的意義，直待這怪客開了一扇窗子後，素日最平凡的事，這才顯示特殊的光輝，獨特的意義。

現在，覺空能不能在人生中給我打開另一扇窗子呢？

我渴望參透生命中的一些神秘、特殊、玄奧。

月光太美，我不想睡。我憑窗坐著，臉孔浸入月光中。

不知何時起，遠處傳來一陣朦朧音樂聲。我側耳傾聽，有點像提琴。

「多怪，這提琴聲好熟呀！」

我細想一下，恍然大悟：

「對了，每天晚上，我常常夢見提琴聲，想來這大約不是夢了。」

看看錶，已是午夜，廟裡的人早已熟睡了。

「這樣深的夜裡，哪裡會有人拉提琴呢？並且，這一帶是鄉間，哪裡會有人能拉提琴呢？——這難道眞是夢麼？」

我站起來，徘徊室內。我揪了揪頭髮，很痛。我摸摸心，在跳。這一切不像夢，我此刻並沒有睡。過去，我常在夜裡夢見這樣的琴聲，但今晚實在並不是夢。

爲了察看這琴聲究竟是我的幻覺，還是實有其事，我悄悄走出廟門，信步順著琴聲傳來處踱去。

眞奇怪，一出廟門，琴聲居然沒有了。

「這大約眞是我的幻想了。」我想。「或者，是我神經過敏。」

我怔了一會，正想回廟，怪極了，琴聲又響了。

「眞他媽的遇見鬼嗎？」

我索性不動，端坐廟門外草地上，守候琴聲的出沒。

琴聲當眞在響，似乎遠遠的，遠遠的，遠遠的，……

我仔細搜尋，看琴聲究竟是從哪兒發出的，搜索不久，就尋到了。它來自遠遠的一座松林中，靠西的華山腳下。

月光明亮極了，整個華山下的原野、袒裸銀色胸膛，路徑異常清晰；我踏著月色向前走去，一點不困難。這時，一陣陣夜風吹來，我渾身說不出的清涼。那提琴聲越來越響，連每一滴顫音都聽得很清楚。我開始發覺：我所聽到的，不僅是提琴聲，而且是極優美的琴韻。按我過去的現場音樂經驗，很少享受過這樣的好提琴；如以國內器樂演奏水平作標準，無論就技巧或情感說，全已接近罕有的境界，沒有十年以上「功夫」的人，不要夢想有這種成就。

「眞奇怪！在這樣偏僻的地方，竟會出現這樣高明的提琴家，並且是在這樣深更半夜奏琴。看來，過去每夜所夢見的琴聲，全是他在這裡奏的了。」

這樣想著，我的好奇心更大了。

我繼續向前尋去，琴音愈來愈清晰，我聽出來了：是Raff 的Cavatina（卡伐底那）。它雖是一個簡單曲子，卻是一闋極美麗而憂鬱的樂曲。乍聽起來，它的內容似乎單純，但越聽下去，會越覺得深沉、複雜。它彷彿一個飽經憂患的衰老舟子，經過各式各樣的大海變幻，風暴的襲擊，困苦與掙扎，到了晚年，在最後一剎那，睜著疲倦的老花眼，用一種猝發的奇蹟式的熱情，又傷感又讚嘆的唱出他一生經歷：把他平生的感情與智慧都結晶於這最後的聲音。「凡美麗常是憂鬱的。一個人最憂鬱的時候，也就是她最美麗的時候。」這幾句話，我曾向一個女孩子說過，此時如用來描畫「卡伐底那」，眞是最恰當不過了。在西安時，有一個提琴家和我相好，無事去找他，每一次聽他拉琴，我常請他爲我奏一遍「卡伐底那」。從這支曲子裡，我深味著黃昏的境界，又哀愁，又神秘，我領略無窮的啓示；它叫我懂得人生，理解感情，洞透生命中那些最寶貴最耐尋味的部分。可是，在我聽「卡伐底那」的現實經驗中，從沒有一個人能演奏得像今夜這樣美，它簡直把我迷住了。聽著聽著，我不想走了。我躺在一片巨大青石上，溪水旁邊，沉醉於琴籟中。一支曲子完畢後，稍歇一兩分鐘，拉琴者又開始重奏。他一遍一遍的拉著。其間，他也奏了別的小曲子，像巴哈的「G弦的哀歌」，聖桑的「天鵝」，舒伯特的「小夜曲」，馬思納的「泰綺思」，柴可夫斯基的「寂寞之夜」等等，但幾乎一半時間，卻支付於這支名曲。除了它，他好像不太歡喜拉別的。他的整個音樂生命，似乎全爲了這支曲子而存在，他整個人彷彿也全爲了它而生活，他整個靈魂與情感，好像也專爲了適宜表現它而構造。啊，奏得太好了！太好了！人世間竟有這樣感人的聲音麼？我聽著聽著，完全沉浸在裡面，宛若浴於一種又濃又醇的美酒中。這樣的深浸，不知有多久，偶然間，我發現自己頸項潮濕了。用手一摸，原來是一片水。我駭了一跳，抬起頭來，這才發覺滿臉是淚。不知何時起，我竟哭過了。

遠遠的，琴聲還在響，依舊是「卡伐底那」。

我實在忍不住了。我站起來，逕向那片松林走去。

不到五分鐘，終於踏入森林了。

我偷偷藏在一棵高大翠松背後，向林中覷去。

月光像白色大瀑布，瀉射松林，部分光華被松葉遮蓋，漏下銀色碎點子，萬萬千千，似滿天星斗，洒落在地上。松林外，月色明潔而皎好，帶了點醉態，溫柔的擁抱著闊大平野。在如金似玉的月色中，我終於看見那個奏琴者了。

我大吃一驚。

「啊！那不是覺空麼？」

這一震驚非同小可，我渾身汗毛管直抖顫。我做夢也沒有想到：這老道居然能拉提琴，而且演奏得這樣神秘，這樣崇高。

我睜大眼睛望過去。

穿過一株青松枝葉最稀疏處，月光正照亮覺空的臉。這張臉與我平常所見的，大不相同了。我平日所見的，是一張很平凡的臉，現在，它卻充滿一種奇特的光輝，暈紅而神聖。這種光輝所現露的驚人美麗，會叫任何一個女孩發迷的，假使她眞懂得的話。他斜倚樹身，閉上眼睛，整個人似乎都溶在提琴裡。銀弓在銀弦上滑動著，彷彿沒有開始，沒有終結。他奏著，如醉如狂的奏著，似夢似幻的奏著，像樹林中的樹，不知道有別的存在，也不知道有自己的存在。

我望了許久。

我很躊躇。

起先，我想衝進去，對他傾訴我的滿心崇仰。繼而想，我這樣做，他不會歡迎的。我還不如躲在一邊好。考慮停停，我又悄悄走出松林，躺在附近草地上，才躺下不久，提琴聲就停止了。我站起來。

不到幾分鐘，一個老道果然拎著黑色琴盒出來了，正是覺空。

他一看見我，臉上絲毫不顯驚奇。他只淡淡望了我一眼，獨自向廟中行去。我連忙追上，和他默默並肩走了一會。我們都在月光中沉默著。

走不到百步，我終於向他表示景仰，用激情的聲調道：

「你的提琴拉得太好了！太好了！我從沒有聽見過這樣好的提琴。我從沒有聽見過。」

他不說話，只「唔唔」著，意思是：「是這樣嗎？」

他是那樣蟬噤，弄得我無話可說。

直走到廟後門口，我們沒有談什麼。

快進廟時，他突然對我招招手：

「你跟我來。」

我跟他走。他把我帶到玉泉邊。月光中的泉水分外明麗，水聲也特別瀏亮。花園一片謐靜，連樹枝擦動聲都沒有，只有水響。

他瞧著月光，以及月光中的泠泠泉水，用深沉的聲音道：

「我知道你對我很感興趣。聽你說，你是一個作家。你大約想從我身上開採一個金礦。我承認你的視覺準確。這些年來，你是發現我這脈礦苗的第一人，我該給你優先開採權。不過，你得答應我下面的條件，就是：從此以後，不許你用獵人的眼睛追逐我，不許你和我談話，問我什麼，也不許你來找我；當我拉琴時，你可以在一邊偷聽，卻不許讓我碰見。總之，你必須儘可能疏遠我，隔絕我。你能答應這些條件，我才能答應給你一點東西——這是我從不給人的，今後也永遠不會給人了。怎麼樣？」

我張大眼睛，誠懇的望著他，用最誠懇的聲音道：

「我答應。不管你提什麼條件，我都答應。你還有別的條件嗎？」

他搖搖頭。「就這樣決定。再會！」

這一晚，我整夜沒有睡。我在想著覺空的種種。

第二天清晨，吃早飯，我在餐桌上遇見他。他仍和平日一樣，絲毫不露什麼。我也只好不開口。我記起諾言。

飯後無事，和道士們閒談，問他們有沒有在夜裡聽到過琴聲，他們全說不知道，偶然，有時在夜裡聽見什麼，那大約只是華山森林被風吹的聲音。

只有一個年輕道士比較注意它，他說常在半夜聽見。它縹縹渺渺的，神秘極了。據他的看法，這大約是華山的聲音。華山是靈境福地，其中當然不乏成仙得道之士，這音籟正象徵華山的神性。

我見道士們並不知底細，便不再說什麼。

從此以後，我當眞和覺空疏遠了。我不和他談一句話，也不再找他一次，路上碰見，最多只點點頭而已。深夜，有時我躺在松林附近深草叢中，聽他奏琴，或是當他未奏完以前歸來，或是等他走了很久後再回廟，設法不與他相遇。他倒奏了不少其他曲子，但經常拉的，卻是「卡伐底那」，每晚總要奏十次以上。

一個月過去了，我們一直疏離。偶從他窗下走過，發現他常在寫什麼，這情形，是他從前沒有的。

六月上旬，一個陽光艷麗的日子，一清早，覺空忽然來看我。他遞了個大紙包給我。

「你能忠實履行諾言，我欣賞你的忍耐。我曾答應給你一點東西。它就在紙包裡。你得到以後，隨你怎麼處置都成。我現在到華陰去買點東西，晚上見。」

他的神色平靜，始終不露出什麼。

我瞅了他一眼，誠懇的道：

「謝謝。謝謝。……」

他不答，回頭走了。

我打開紙包，是一大捲稿子，用鋼筆寫的，藍色字跡頗潦草，但仔細看去，依舊相當清楚。

下面就是這稿子的內容。

第二章

我原名羅聖提。

十八年前，我是南京著名提琴家。那時，中國人學這種樂器的很少，我算是早期最有成績的一個。當我拎著黑色琴匣，從上海回到南京時，這個繁華大城裡，幾乎還沒有人能拉琴。直待我創辦了一個業餘提琴學習班，收學生後，學琴的才稍稍多起來。之後，G大學師範學院音樂系，聘我爲提琴教師，這樣，研習小提琴的年輕人，漸漸的更多了。按我的興趣與造詣，我本該把全部生命交給提琴的，許多朋友也希望我如此。但由於某種命定的因素，或者說，某種命定的錯誤，我竟把音樂作爲副業，而把醫學當成主業。這時，我在南京獨設一座化驗室，每天大半時間，耗於顯微鏡與細菌，暇時才弄弄音樂。一個科學家而兼藝術家，這在一般人原少可能，誰能夠一隻眼冷冰冰的透過顯微鏡，把一個少女看成一堆醜陋細菌的窠巢，同時，一隻眼又熱烈讚美她如花美貌？可是，天定我要集殘酷與溫柔於一身！仗著這種矛盾，我的生活才維持一種均衡，並且，也附帶產生了某種悲劇。

說起我的學醫來，那只是一種偶然。幼年時，我最愛的一個小妹妹死了。她死時，睜著那雙又大又天眞的眼睛，瞪了我最後一眼，給予我一種傷害，也給了我一片啓示。從此，我發了心願：一定要學醫，做一個好大夫，不再讓死亡從人間輕易搶走像我妹妹這樣可愛的靈魂。另外還有一個理由，逼我做醫生的是：父母都是雄心巨大，又很守舊，他們盼望子女能出人頭地，創下一番事業。在他們心目中，做醫生，開醫院，全算頗具社會榮譽的職業，而提琴家不過相當京劇琴師，除了「羞辱門楣」，再沒有什麼好處。爲了安慰這兩顆年老的心，我只好略略貶抑音樂，讓醫學佔據我生活首位。我在大學讀醫科時，常實習「臨床診斷」，每一次，看見病人在痛苦中掙扎，呻吟，內心總說不出的酸痛，好像患病的並不是他們，而是我自己。漸漸的，我覺悟了：即使從醫科正式畢業，我的柔軟心腸也不許可我做正式醫生。因此，從大學第三年起，我就改習化驗，將來只打算擔任化驗工作，免除臨床診斷，好隔絕病人，以及他們那痛苦的臉。

醫學成了，提琴也學成了，我是南京優秀的化驗專家，和獨一無二的提琴家。不少醫生信賴我的忠誠，技術，把化驗業務託付我。許多音樂愛好者景仰我的造詣，紛紛向我學琴。我，一個二十幾歲的年輕人，立刻投入輝煌的事業洪流，「榮譽」如一艘快艇，急速而平穩的載我往明亮的彼岸。我的名字像禽鳥，飛翔於音樂界、高級社交界。我的金錢收入，拿當時生活水平說，夠豐裕的。凡一個青年人指望有的，願意有的，我都有了。自然，這成功不是偶然的，它象徵我過去十年的血淚與堅忍。沒有一粒麥子的收穫，不倚賴一個農人的痛苦與掙扎。

我是醫生，我知道上帝也會衰老，死亡。（假如上帝像人一樣活著的話。）我是藝術家，我知道一個乞丐也會用歡笑防止衰老，藉快樂忘記死亡。生命裡的歡笑與快樂，就是每一剎那的微妙沉醉。無論是一支「老美女」雪茄煙、一盞龍井、一杯古巴咖啡、一件絲綢襯衣、一朵野花、一根女人頭髮，全可以叫你醉，叫你樂，叫你笑，只要你願意。也許不少正人君子會認爲：這種生活觀念太虛浮，沾享樂色彩。可是，或者他們是用岩石性的神經，面對美的感受，或者他們是虛僞的掩飾自己的實際享受，或者他們眞是否定現實生活的美的成分，否則，他們就無法抹煞這一觀念在痛苦人生中的補償價值。就我個人說，我所以採取此一生活態度，也還有我內在的根因，這個，以後再細談。總之，此刻我認爲：有了上面這些沉醉、快樂、歡笑，一個人面對種種現實痛楚和生活單調時，才能撐持下去，活得下去，活得很好。我是願意自己活得好的，我便用各種正當方法求得它們。我獨租一幢小洋房，樓上下大小八間，除了一間充化驗室，其餘作客廳、寢室、書齋、音樂室、浴室、下房、廚房，另外還有一個汽車間。我自備一輛小型道奇，自任司機。我又在玄武湖購置一隻小艇，髹漆白色，由那裡船家看管。每逢星期天，整個下午便消磨於艇上。

我僱了本地女僕李媽，善於烹飪，她使我享受可口的飲食。爲調劑單身漢的寂寞，我預備了精緻茶點，不時在家裡舉行茶會，招待朋友。凡是能叫他們快樂的玩意兒，我盡可能採用。這樣，我雖是個獨身者，我的家卻成爲一些年輕人的優美的「感情散步場」。我的一些生活小趣味，也變成若干人的談話資料。舉例說，我的香煙聽頭裡，就雜放三種煙，上檔最好的、下檔最差，中檔不好不壞。朋友來時，我告訴他：「現在，請你伸手到煙聽裡，測驗一下你今天的運氣！」我自己清早甦醒時，身子雖然還躺在床上，有時也閉著眼摸一支煙，打算試驗這一天的運氣。有時候，茶會正熱鬧，當太陽最明亮時，我竟在客廳內點起七八支白燭，朋友們表示驚詫，我便答：「我愛光，光越多越好。」……

當我二十九歲時，春末一個晚上，C女大慶祝建校十周年，特別舉行一個盛大晚會，託友人T請我參加一個提琴節目，我答應了。

平常，我非常考究穿著，西服都是從上海訂做的。每一次赴音樂會，我總裝扮得一身新，現得分外整飾、美潔，唯恐我的外型破壞我的琴音所給人的美感。這一晚，說不出爲什麼，我突然心血來潮，一改平日豪華習慣，竟穿了一襲舊藍布長衫，不戴帽子，不執手杖，不乘汽車，逕自往C女大踱去。

從我住處到C女大，約二里路，我走了約半點鐘，就到了。校門口，停放了許多汽車、馬車，與人力車，儼然形成一座臨時熱鬧車場。我穿過密札札的車輛，與熙來攘往的人叢，直向大禮堂走去。在冬青樹枝葉陰影所裝飾的人行道上，一對對情人悠然漫步，帶著類似洞房花燭夜的心情，來參加這個晚會。我從他們身邊經過時，微微感到一點神秘的壓迫。

C女大禮堂本來就精緻，今晚格外顯得富麗堂皇。這座宮殿式建築，有朱紅大圓柱，金黃的彩壁，鬆繪藍色鳳凰的天花板。到處簪掛織絹五彩宮燈，排著瑰艷繽紛的花籃，響起女孩子們的笑聲。這些擔任招待的少女們，一個個全打扮得花枝招展，以新婚伴娘的綺麗姿態，出現於人們眼前。在金碧輝煌的光影裡，落日般鮮紅的楹柱與楹柱間，她們像蝴蝶似地飛來飛去的，把貴賓們迎接到位置上。她們動作玲瓏，鮮活，直似一條條剛出水的翠條魚。

來賓們不是西裝革履的紳士，就是時裝艷服的淑女，穿舊藍布長衫的我夾在裡面，委實顯得尷尬，不調和。望望別人，再看看自己，我不禁有點後悔任性，不該穿這樣一身破舊服裝。但既來之，則安之，我只得硬著頭皮，應付今夜的場面了。當我踏入禮堂時，女招待們連正眼也不看我一下，我絕不怪她們。我提著琴，裝作毫不在乎，向前邁去，直走到最前排特別來賓席，才選了個位置，坐下來。這一席，是專爲招待貴賓及演奏者的。

剛一坐定，放下提琴匣，我就回轉身來，開始巡視四周。世界上，大約再沒有什麼，能比婚禮中的新娘面孔更叫男子沉醉了。我既是男子，照例也不免歡喜欣賞這類艷臉；今晚禮堂內，C女大的女孩子們，幾乎都有這樣的臉龐，我得好好瀏覽一番，也算不虛此行。穿舊藍布長衫的人，雖沒有被美麗少女招待的福氣，至少總有望望她們的福氣吧！我一面想，一面當眞開始「望」了。才望個不久，我就注意到一個紅衣女孩子。她像一座無底深淵，吸引我的紛亂視覺，使我的心靈投入一片神奇的幻境。這女孩子穿一身猩紅天鵝絨洋服，寬寬的掛子，長長的裙子，大紅絨襯衫繫著粉底紅花領結，淡紅絲襪配著褐紅色高跟鞋。她整個裝束就鍉一股紅閃閃的火燄，給人一種又強烈又燃燒的感覺。我一壁望，一壁想：「眞奇怪，這女孩子爲什麼打扮得這樣鮮艷呀！」我想仔細端詳她的臉，但她離我太遠，又不斷來回走動，我無法看清。我只看出：她的身材高高的、翩翩的，苗條極了，走起路來，像白鴿子在天上飛，說不出的輕盈，叫人愉快。我一遍又一遍的瞭望她，視覺像蔓藤，總纏在她身上。看著看著，我不禁痴痴想：「這樣一個有著華艷服裝與優美體型的女孩子，會有怎樣一副臉孔呢？假使她的臉孔眞是美，會美到什麼程度呢？假使它很平凡，甚至醜陋，我又該作何感想呢?……」正想著，我微微吃了一驚，她竟向我這邊走過來了。我終於看清她的臉了。啊，天!這是怎樣一副龐兒?這又是誰給她創造的一朵臉?——這正是一幅我所害怕的臉!一幀鵝蛋形的臉，流露安格爾女像的俊美畫風。一雙又大又亮的眼睛，像兩座又黑又深的地獄，透射一片又恐怖又誘惑的魅力，叫你忍不住想墮落。與這兩座黑暗地獄相對照的，是那副比罌粟花還鮮紅的菱形小嘴，它是那樣飽滿、強烈、甜蜜，簡直刺激人一種想「衝過去」的勇氣。如果說這雙眼睛與這張嘴是爲害人而生的，那麼她的頭髮是爲救人而生的，它濃而黑，似一片黝黯的豐茂森林，裡面潛伏無窮的和平與溫柔，一種叫人馴順的柔美情調。唯一破壞它的，是鬢邊那朵鮮緻的紅薔薇，它插在這張粉臉旁，似乎並不是裝飾，而是一種警告:「哼，小心點，別碰我，當心那叫你流血的刺!」

一點也不假，有生以來第一次，我發現這樣一個絕頂美女!從她的面部表情上，我看出:她的靈魂正和她的裝束一樣，紅極了，也強烈極了。她整個人似乎不是一片血肉，而是一蓬紅毒毒的火，走到那裡，燒到那裡。她的每一個動作，震顫，都是火的飛翔，火的舞蹈。從她身上，人可以呼吸到地腹熔岩的氣味。我望完了，不禁在心裡道:

「啊，好一個美人!簡直是火焰的化身!任何接觸她的人，全會給燒死的!」

正想著，不料她竟筆直向我走來，停在我面前。我看見她衣襟上的紅緞條子，上書「總招待」。

她並不瞧我，卻用冷酷的眼光，對我的舊藍布長衫掃射一下，以一種嚴厲得近似高傲的聲音道：

「對不起，這是貴賓席，你是羅先生的僕人吧，請換個位子，後面有普通來賓席。」

她一面說，一面瞪了瞪我的提琴匣，意思好像是：「看在這提琴匣的面子上，我才對你這樣客氣，要不，哼！」

聽了她的話，我滿肚子盡是煙火。我第一個直覺是：「這簡直胡鬧，她居然把我看成羅聖提的拎提琴匣的僕人。我非教訓她一頓，給她一個大難堪不可！」我正想發脾氣，偶然間，視線竟與她的鮮麗大眼睛遇見了。說也奇怪，一剎那間，像電光石火，我滿肚子煙火忽然消滅淨盡。我第二個直覺接著萌生：「咳，和這樣一個美麗姑娘吵嘴，給她一頓難堪，未免太不詩意了。人生本是演戲，她既把我看成羅聖提的僕人，何不照她所吩咐的扮演一番，和她逗逗趣？這女孩實在長得太美了，我本沒有機會接近她，現在她自動送我一個演戲機會，豈不來得正是時候？」

計議既定，我當即站起來，連連躬首，向她說「對不起」，表示認錯，跟著就提起琴匣，坐到後面普通席上。我的態度裝得那樣自然，絲毫未露破綻，不由得她不信。我心裡卻暗暗好笑道：「一個女孩子的美麗與聰敏，不僅對別人是危險，對自己也是危險。智慧是一柄兩面刀，殺傷別人時，也就殺傷了自己。」

才一坐下，睇著那紅衣少女的背影，我又不禁微帶恨意的原諒起她。按理呢，她對我這番無理，原也不能全怪她。過去她並不認識我，甚至也沒有聽過我的琴（我相信），她只知道有一個姓羅的會拉琴，而今晚又有他的節目而已。至於我現在的裝束，也的確不大像個演奏者，把我看成僕役，倒也名副其實。此外呢，不僅她不識我，別的女招待們同樣也不識我，負責和我接洽節目的友人T，今夜偏偏沒有來，會場裡雖也有幾個熟人，但他們與C女大大概沒有特殊關係，自然也就不會把我介紹給她們了。這樣想著，漸漸的，我心平氣和了。不過，我始終有點不能釋然的是：「爲什麼一個女孩子看人只看衣服，而不看其他？假如一個橡皮人身上、加上一套英國皇帝的華貴龍服，她是不是就會與橡皮人談戀愛，結婚呢？究竟是人穿衣服，還是衣服穿人呢？」

來賓越來越多了。禮堂漸漸滿了。談笑聲像一團團的肥皂泡，肥大而空虛的飄浮在各個角落間。說英語的聲音，分外顯得響。每一個人都流露輕鬆的情緒，彷彿這個晚會是熱帶夏季的海水浴，能叫每一根毛血管張弛得極舒服。夾在這些高貴來賓中間，我默默坐著，像個土佬兒。我索性端坐不動，不對任何熟人打招呼，眼觀鼻，鼻觀心，讓一種禪靜淹沒我。偶然回過頭，向四周張一張，只覺得那紅衣少女很活躍，滿場子好像都是她的火紅影子，許多觀衆的視線，全如狗咬尾巴，跟著她的影子團團轉。

開幕時間快到了，紅衣女匆匆走到我身邊，有點傲慢又有點焦灼的問道：

「已經快開幕了，羅先生怎麼還不來呀？他告訴你，究竟是什麼時候來呀？」

我必恭必敬，用僕人口吻答道：

「羅先生說，準七點鐘以前到，大約快來了吧！」

「你能不能打個電話，去催催他？」她帶點命令。

「他說開會以前一定來，絕誤不了你們的事，您放心吧！」我回答得仍很謙虛有禮。

她冷冷瞪了我一眼，不再說什麼，翩然走了。

這紅衣女孩除了總招待職務外，還擔任司儀。不久，她儀態萬方，走到臺上，宣布大會開始，接著便報告節目。她的聲音是那樣優美，你幾乎不相信是從人的聲帶裡流出來的，還以爲是由一種金屬樂器上瀉出的。

第一個節目，是校長致詞，次由教務長報告學校十年來概況，接著就是男女混聲合唱，鋼琴獨奏，女聲獨唱。

五個節目過去了，臺上開始口琴合奏。這個節目完了，就是我的小提琴獨奏。這時，紅衣少女忽然從臺上跑下來，急匆匆的走到我面前，神色憂惶的道：

「羅先生來了嗎？下一個就是他的節目！怎麼辦呢？」在她措詞裡，似乎隱藏了大部分情緒反應，她好像不願在一個僕役面前完全洩漏內心的焦慮。

我微笑著，安慰她道：

「您別急，羅先生已經來了。他正在門口和一個朋友談話。他要我轉告您：輪到他的節目，請您祇管報告，他會直接上臺演奏，誤不了您的事。」

「眞的嗎？——」

才吐出這三字，她立刻似乎覺得有點失身分，便慢慢的點點頭：「也好！」她傲然走了。

不久，臺上果然報告我的節目，像回力球的彈射般地，臺下登時響起雷似的掌聲。在熱烈的掌聲中，我提著琴盒，大模大樣，從短梯走上臺去。經過那紅衣少女身邊時，我望也不望她一眼，逕自走到臺中央。

我的習慣是這樣，在普通應酬集會上，向例不奏大曲子，只拉一些輕鬆的小曲，叫聽衆聽了快快樂樂，好像吃一塊巧克力。只有在我自己專開的音樂會上，我才拿出全副力氣，演奏最能表現我個人技巧的大曲子，給聽衆一個欣賞我個人才華的機會。因此，今晚的節目單上，我的小提琴獨奏只是一支小曲子：德國浪漫大師舒伯特的「小夜曲」。像這樣的小小抒情曲，在這樣的軟性晚會上，最適宜不過。可是，當我登臺後，我突然臨時向聽衆宣布：把節目略改，改奏孟德爾遜的「康塞特」（音樂會曲——提琴協奏曲）。它是一個大作品，專爲開音樂會預備的，奏一次要三十幾分鐘。幾年前，我在上海第一次開個人演奏會時，曾把它作爲壓軸戲。面對許多碧眼洋大人，我奏完這闋名曲後，當場獲得很高的評價，沒有一個音樂鑑賞者，不祝賀我有一片輝煌的音樂前途。本來，在所有小提琴康塞特中間，孟德爾遜這一闋，或許是最美最瀟洒了，它充分表現這位抒情大師的雍容華貴的靈魂，從頭到尾，都貫穿一種超人間的纏綿情致，瀰溢著崇山流水的透明夢幻。那些鮮花似的音符，彷彿不是人類想像的結晶，而是雲彩與雲彩對語的音籟，神妙極了。這時，我正値一種抒情的年齡，人生哀苦已離我而去，我的生活調子又有點類似這位德國音樂家，因此，我奏這支協奏曲時，自覺分外能沉沒於孟德爾遜式的華麗情調，它的每一個音符，都是我熟悉的兄弟姊妹，今夜未邂逅前，早就相識了。我有一種古怪的渴望，非奏它們不可。

我所以選這支大曲子，基本理由之一，自然是那紅衣少女的刺激。我的意思是：她既認爲一個穿舊藍布長衫的人只配「拎」提琴，我現在不妨來一個「康塞特」給她看看。此外還有一個理由是：我雖然有點恨她無理，卻又無條件的激賞她的俊美，若借這支大曲子讚頌她的美麗，倒也是一件又多情又風雅的事。一個年輕男子，誰不願「多情」一下，「風雅」一番呢？

我終於演奏了。

我把整個心魂和思想放在琴弦上。

從第一音開始，全場就靜下來。在墓園式的寧謐中，只有我的提琴聲在響。一陣又一陣的琴音，由弦上湧出來，像泉水，又自然，又柔和，好像並不是我用手指創造他們，而是自有宇宙以來，它們一直就是這樣湧瀉的。銀弓在銀弦上走著，衝著，滑著，馳著，跳著，蹦著。一會兒是詩人散步，一會兒是三級跳，一會兒是悠悠泛舟，一會兒是花式溜冰，一會兒是爵士舞。我的手指在弦上滑翔，忽快忽慢，忽輕忽重，它們所接觸的似乎並不是弦，而是少女的芬芳肉體，香馥的心。在每一個接觸裡，似蘊含天地間深沉的眞理，幽魅的旋律，旖旎的歡樂與悲哀。奏著奏著，我覺得自己的肉體與靈魂整個解放了。我變成一隻神秘的鳥，從青雲飛上青雲，由大氣層飛上大氣層。我的翅膀充滿了蒼穹，擁抱了雲彩。它們突然膨脹了，膨脹了，膨脹得和氣球一樣大，忽又縮小了，縮小了，縮小得像一粒星子。我飛，飛，飛，往前往後飛，向左向右飛，朝東南西北飛，飛過來，飛過去，飛不倦，飛不停。千千萬萬的聲音在心裡響，千千萬萬的情感在心底流，我沒有眼淚，沒有笑，只有飛，飛，飛。——終於，我的翅膀沒有了，萬千聲音也沒有了，我從一片遼遠的夢幻中睜開眼睛，臺下一陣轟雷掌聲把我從夢幻中驚醒了。我這才意識到：曲子奏完了。

我抱著琴，文雅的向臺下鞠了一躬。

臺下捲起一陣狂呼聲：

「再來一個！」

「再來一個！」

「Encore！」

「Encore！」

一陣陣掌聲，跺腳聲，地震似地響起來。

兩個美國少女提了兩籃鮮花，先後上臺獻給我。我的三個女學生也送了三個花籃。C女大的校長與音樂系主任也各獻一籃鮮花。臺下觀衆的熱情仍不斷洶湧，人們仍熱烈喊著Encore。我心裡暗暗笑著想：「想不到穿舊藍布大褂的人，現在也交好運了，一個人的運氣變化得多快啊！」

爲了酬謝觀衆厚意，我又奏了一支曲子：舒伯特的「聖母頌」。在所有「聖母頌」中，這是最能叫座的一個，今晚我是把全副看家本領拿出來了。

奏完「聖母頌」，觀衆仍高呼Encore，掌聲仍一陣又一陣的響起來。我沒有辦法，只好來了個輕快的「匈牙利舞曲」，是勃拉姆斯的。奏完了，掌聲仍雷樣響，我卻拎了琴匣，直奔臺下，不再報命了。

我經過短梯，準備「下臺」時，偶一抬頭，迎面正碰見那紅衣少女。她一看是我，立刻很冷靜的停下步子，很冷靜的仰起頭，用一種極古怪極深沉極神秘的眼色，狠狠瞪了我一下。這一「瞪」裡，我咀嚼到一整個海洋所蘊蓄的意義，滋味；如果我是一個「感情古董家」，這意義與滋味，可以供我玩賞一輩子。但我當時裝作什麼也不懂，若無其事的，卻又極驕傲的，回瞪了她一眼。接著，我昂首挺胸，傲慢的踱下臺。

一場喜劇就這麼演完了。

誰又知道它究竟是不是喜劇？

朋友T和黎家有來往，幾天後，從他的談話中，我探聽得這位紅衣女叫黎薇，父親是有名的外交官，曾經駐驛國外很久，稍爲在政界混過的人，沒有不知道他的。黎薇從小生在西方，走過不少國家，直到十四歲才回來。她本在上海一所教會大學唸書，因爲父親去年調南京任職，這個寒假，才轉入C女大，讀外文系二年級。她愛音樂，暇時又從校內一位教授學鋼琴。她的功課，無論是英文或鋼琴，全算不錯。她不算最用功，但天賦特高，應付課程，遊刃有餘。正因爲有教養，她的美麗不僅是一種外形，也是一種風度，一種個性。她跑的地方多，見過不少大場面，與各式各樣達官顯貴多少接觸過，廣泛的社會經驗，天然助成她一種過人的瀟洒，類似海洋性的大方，與山岳性的高貴，雖然有時顯得過份矜持。她並不有意想表現「什麼」，但舉止間自然就會表現「什麼」。他並不希冀掌聲，掌聲卻常包圍她。從她出現於C女大的第一秒起，該校的「皇后」一席，命定是爲她設的。有位女同學和她開玩笑道：「自從妳入女大後，全校的女子都變成男子，只剩下你一個女人了！」

T細敘了她的身世後，眨了眨他玲瓏的兔子眼，對我說了個小笑話：

「追求她的男子，如果前後編隊，至少有一連人。在全世界軍隊中，再沒有比她更光榮的連長了。這是榮譽連。你願意加入，當一名榮譽兵嗎？」

我笑著道：

「謝謝。我現在只想做老百姓，觀看這支榮譽連每天操練、演習白刃戰。等到我加入時，我希望，這個連隊很可能只剩下我一名榮譽兵，那時，連長也就等於一個兵了。」

我們都大笑起來。

這場談話兩週後，一個星期天，聖心堂做禮拜，唱詩班舉行合唱，請我用提琴伴奏。我穿上嶄新的英國毛料米色西服，打扮得有點像花花公子，開著自己小道奇去了。下了汽車，才想踏入教堂，迎面走來一個極美麗的黃衣女子。

你說是誰？

正是黎薇！

她顯然也是唱詩班的一員，特來參加合唱的。

那天晚會上的她，儘管像一簇猩紅的火燄，形像異常熾烈，但在幢幢燈影下，依舊有點顯得模糊，靉靆，渾身似籠罩一片朦朧神幻的美。這種美，彈性很大，可伸可縮，可展可斂，卻又捉摸不定，彷彿是一個猜不透的謎。今晨，在明亮的陽光下，遮蓋著她週身的那層曖昧幕紗揭去了，她的肉體與靈魂的美，像一個原始野人，赤裸裸的暴露出來，我這才開始發現：她的美不僅是凝固性的，也是流動性的。她的安格爾女像型的臉孔，那種超越性的俊美，雖放射出純粹畫面美，但在畫平面上，卻滲透了另外一些活潑潑的生命元素，彷彿月光被海水滲透。這點元素，自然很難藉筆墨形容。一定要描繪，我只能象徵性的說：這是一個有巨大激情的女子，她外表的冷靜，只是火口的外殼，專用來掩飾她內在的硫磺熔岩的；這種灼熱熔漿，映襯著初夏的朝陽光，更是有意無意的閃露出來。許多朋友都告訴我：她平日風度，形象上雖瀟灑、大方，實質上卻驕傲極了，冷酷極了，她是用一片片玫瑰花，來掩飾內層的冰雪。在男子群裡，她一直保持女皇的姿態，彷彿連風都不該吹動她的黑髮似地。可是憑我的深透直覺，我的眼睛卻告訴我，這個女孩子的傲慢並不是她的本性，在她性靈的最深底層，那種精神內核空間，另外還有一種可愛的色素，及原形質。我這個推斷，不久似乎就部分的證實了。

當我和她面對時，我原想裝作未看見她，冷淡的轉過頭，逕直向教堂裡走去。繼而又想：「對一個美麗女孩子，還是寬大一點好；那天晚上，我已和她開夠玩笑了，今天不該再給她難堪了。」這樣一個思想閃電般亮晃後，我立刻停下腳步，抱住琴匣，用外交家的優美姿態，向她彎彎腰，溫和的對她道：

「您早！」我臉上堆滿笑容，好像我整個生命就專為創造這一笑。

她一見是我，正像那晚給我的最後一瞪一樣，大眼睛立刻又閃起一種光彩，又古怪，又深沉，又神秘。她似乎決未料到，會在這兒遇見我。我的姿態、聲音、與笑容，多少給了她一點奇異影響。她用黑眼睛高傲的看了我一下，忍不住點點頭，微笑著向我答禮：

「您早！」

在這短短鏡頭裡，我隱約窺見她靈魂的另一面。

禮拜不久開始。唱詩的時間不過半點多鐘，一結束，我就提著琴匣，走出教堂。快到門口時，偶回頭，向黎薇那面望去，發覺她也正在望我。我們的視線一接觸，她像受了電擊，立刻轉首。

回到家中，我躺在長沙發上，瞄著窗外藍天，笑了一會。我一面笑，一面想：「傻子永遠演戲，聰敏人永遠看戲，只有天才才一身兼演員與觀眾兩職。我究竟是傻子呢？是聰敏人呢？還是天才？傻子和聰敏人，終生都可以得到幸福，只有天才倒霉一輩子！」我一行想，一行站起來，打開黑色琴匣，取出杏紅色花朵形的提琴，用最旖旎的情緒，奏了一曲「夏季最後一朵玫瑰」。奏完了，我用雪弓在空中畫了一朵薔薇花，又一次，我輕輕笑了。

放下琴，我踱到淺青色磁花瓶前面，欣賞瓶內一束薔薇。這束花，是前幾天特別買來，供奉在客廳裡的。我悄悄吻了吻一些粉紅色花瓣，掐下一朵紅花，擦了根火柴，點起一根白色燭，就著燭光，燃燒著粉瓣。燒完了，我苦笑道：

「我的生命不需要任何一朵薔薇花點綴。」

說也奇怪，這一天以後，我和黎薇邂逅的機會，竟一天比一天多起來，幾乎每隔一兩個星期，我們總要碰一次面。不知道是命定呢？還是巧合？凡是南京社交集會，只要她到，我也可能到，只要我到，她也可能到，彷彿事先約好了似地。特別是一些音樂會，只要有我的提琴節目，她一定在場。當我奏完琴，向她飛去一眼時，她總要回報我高傲的一瞪，叫我又愉快，又害怕。不過，我們雖然不時碰頭，卻很少講話，通常僅限於點點頭，招呼一下，最多不過交換一兩句「您好！」「晚安」之類的應酬話。我們似乎有意要迴避什麼，抑制什麼。在我們中間，好像早已訂立一項不成文條約：約定不說什麼，不表示什麼，誰說，誰表示，就違約。這一條約，原本訂得很神秘，很偶然，日久月長，待變成一種牢固習慣後，即使我們眞有談話機會，也躲避了。凡是有她談笑的圈子，我常不加入。凡是有我高談闊論的場合，她也常退出。到後來，這種古怪情形，竟引起別人注意，特別像T這類朋友。但當事人的我們，卻始終處之泰然，彷彿自有宇宙以來，上帝早就規定，不許我們多說話似地。

有一次，T問起我，我微微笑道：

「男女遇合，我多少相信天數、玄機、緣份。現在，緣似乎未到，不該強求。唐朝高駢那兩句詩：『水晶簾動微風起，滿架薔薇一院香。』好像是塵緣的一種詮釋。」

在南京社交界，黎薇這時已成爲一朵鮮花，朝餐陽光，夕飲露水。她的光華覆照處，沒有一個男子不低頭。她長得美，穿得美，談的美，有好家世，好學養，好風度，沒有男子有拒絕她的理由。在一些跳舞會上，只要她一出現，年輕人便一窩蜂湧到她四周，一個個臉上，都流露哈叭狗的神色。每看到這種局面，我心裡就止不住厭惡，好像發現自己子女想偷別人東西。在這種場合，不由而然的，我對黎薇分外現得冷酷、滿不在乎。我要向她證明：天下男子，並不全如她所想像的那樣大廉價。

說到這裡，我得談談自己對女人的態度。

我的生活原則是：「七分事業，三分女人。」這裡所謂事業，指我的醫學與音樂。這裡所謂女人，代表一種純粹友誼。我對女人的興趣，與其說是生物學的，不如說是美學的。許多男人珍視女人肉體和官能滿足，把它看成一件大事，甚至是愛情的最高結晶。如果這種理論能圓滿成立，那麼，街頭野狗最懂得愛情了，公狗一遇母狗，除了滿足原始慾望，再沒有第二個念頭。我的戀愛觀念，自和這類男人不大相同。在我的眼中，我愛把女子看成大自然的一部分，是自然生命：靜靜的植物，如花草樹木，素食的禽鳥，如鴿子畫眉。摘一朵玫瑰，簪入瓶內，捕一隻黃鶯，關在籠中，不僅不人道，也不美麗。我寧願花開在園裡，鳥飛在天上，不願看花開在我手上，鳥走在我肩上。我很少帶衝動意味地欣賞女子肉體。一個女人的形體美，只有和性靈美溶合一致時，我才注意它。我觀賞一個女子的形體，與品鑑希臘雕刻維納斯裸像，並沒有多大區別。我的品味的著眼點完全是美學，基於這種態度，我認爲男女關係也是一種美學，一種藝術。男女的接觸正像琴弓與琴弦，接觸得越微妙，越自然，越藝術，發出來的音籟愈動聽，愈和諧。在我的客廳內，有時也出現一些美麗小姐，但我只和她們保持一種純粹的友誼，一份美學的關係，彷彿她們只是一些浮雕，一些風景畫，來裝飾來美麗我的客廳的。我把女子看成天然裝飾，許多人或許會反對。其實，普天之下，哪一樣存在不是裝飾？「人」這個兩足動物，對宇宙也不過是一種裝飾。藍天與陽光，對我們也只是一種裝飾。推而廣之，政治家的通電宣言，外交家的條約協定，又何嘗不是一種裝飾？不同的是，這一切裝飾中，女人似乎是超越一切的最美的裝飾而已。

我對女子的感情，既少生理意味，它們自然不會狂熱。在我一生中，沒有一個女子（即使是最美麗的）的美，能給我一種大風暴的影響，叫我的感情起翻江倒海的作用，像法國浪漫派作家所寫的愛情一樣。我常想：也許，只有在一種情形下，我內心的火燄，才能眞正衝出來，燃燒得像個毀滅體。這情形是：一個最美慧女子，用整個生命來愛我，無條件的愛我的一切長處和短處，並願爲這種情感支付任何最高代價，從而表現出一種令人不能忍受的稀有痴情。自然，她也能欣賞我的上述男女美學的觀點。一個平凡女子無條件愛一個人並不難，難在一個最美慧的女子愛而無條件。

根據上面思維，按目前情形，我對黎薇自然不可能進一步接觸。第一，她這時是社交界寵兒，年輕人心目中的上帝，在她身邊，早充滿一隊又一隊的俘虜。她以他們爲驕傲，正像非洲黑人驕傲頸上有一串串珍珠寶石。在這種驕傲下，她不會輕易遷就我的。第二，她既不能遷就我，我也未便屈就她。我更沒有屈就的必要。她雖然很高貴、瑰麗，我卻沒有佔有她的慾望。我所發生興趣的，只是她的純粹美。對於這種美，我只要遠遠對她望兩眼，就夠了，並不需要我太接近。對於她的美貌，我既然只抱欣賞態度，就不會崇拜，更不會發迷；不會崇拜、發迷，自然就不會受她支配，做她的奴隸。第三，從經驗上，我知道，對付一個驕傲女子的最好武器，就是驕傲。假如她對你說：「將來我要做全世界女皇。」那麼，你不妨回答她：「將來我要做整個太陽系各行星的國王」。第四，這或許是一個最大理由了，我的事業心頗重，我總希望事業所給予我的安慰，超過女人所給予我的。我常常想起培根的話：「一切偉大而有價值的人，（凡可以記憶到的，無論古人今人），裡面從沒有一個曾迷入戀愛而達到狂熱的程度，可見偉大的精神和偉大的事業不容許這種不健全的熱情。」

就這樣，三年過去了，黎薇也在C女大畢業了，我和她雖然見過六七十次面，卻從未談過三五句話以上。驕傲與自尊是一道鐵柵欄，攔住了她，也擋住了我。

曾有好幾次，我們很有攀談機會，但我都故意迴避了。

一次是後湖露天音樂會，那是一個仲夏夜，一個用銀線編織的夜，月光像千萬銀絲，縷織大地。我以極輕快的情調，奏了兩支「小夜曲」，是蕭邦和古諾的。奏完了，在人們掌聲中，我獨自隱避於柳樹蔭影叢。我斜倚著古意的垂柳巨幹，凝視湖面的瀟瀟灑灑的月光，不禁陷入沉思中。猛抬頭，我瞥見一個白色人形向我這邊移動著，越移越近，終於停在我三尺外的地方了。我仔細看去，正是黎薇。她用深沉的大眼睛注視我一下，輕輕道：

「晚上好！」

「晚上好！」我也用謙恭的口吻回答。

答完話，說不出是什麼衝動，我突然掉過頭，提著琴，向遠遠的另一棵柳樹走去，望也不望她一眼。

另一次是跳舞會。那天，她似乎很倦，伴舞四次以後，就退到茶座上休息，不再接受舞男們的邀請。這天我的精神也不大好，只舞了兩次，就退下來，做一個旁觀者。我和她座位相近，只隔一張檯子。她向我招呼了一下，我也回了禮。不久，她以交際花的姿態走過來，大大方方，坐在我對面，望了我一眼，輕輕問道：「羅先生，您爲什麼不跳舞？」

「謝謝！黎小姐，我身體有點不舒服。」說完了，我垂頭沉思，望也不望她一眼。

她見我不開口，也沉默了。

相互約莫沉默了五六分鐘，我忽然站起來，很有禮貌的對她道：「對不起，黎小姐，我有點事，先走了。」

她用一種古怪的眼色怔怔瞪了我一下，沒有說什麼。在她眼色裡，似乎有很多東西，但我卻顧不得了。

另外還有三四次這種情形，我始終表現出同樣的冷淡。這在別人看來，當然是一件怪事，但在我，卻認爲很自然、很應該。

第三章

初夏某火曜日早晨，陽光像一個初識戀情的少女，滿身鮮艷的小跑到的我庭院內，連樓廊上也洋溢一溜幸福的明亮。朝陽太可愛了，它簡直叫我想笑，想醉。我決定好好享受一下。我洗了個冷水浴，換了一套白色裝束，白府綢襯衫，白嗶嘰褲子，白皮鞋，連褲帶也是白色的。我覺得，白色最配合清晨情調，也諧和陽光的調子。太陽悠悠射入音樂室，我坐在高背沙發皮椅上，開始彈一些象徵早晨愉快的小曲子。我旁邊茶几上，預備了兩玻璃杯新鮮橘子汁，每彈完一支曲子，我就深呷一口，讓冰涼的金黃色汁液，流到我的被乳白色裝束所包裹的肉體裏。我的整個身子浸浴於日光，新鮮空氣中，包圍我的是淡淡的溫暖，刺激我一種又詩意又舒服的肉感。院子裏有丁香與玫瑰的芬芳，微微香氣如煙篆似的裊散出來，靜靜氤氳在我身邊，瀰溢於鋼琴四周。布穀鳥在洋槐樹叢間咕咕，鳴聲點綴鋼琴音，彷彿是英吉利橫笛伴奏。當我的手指在鍵盤上飛躍時，一隻燕子來回繞著我頭上飛翔，唧唧呢喃，它的姿態是那樣滑溜，宛若一尾長了翅膀的鰻魚。我彈著彈著，忘記了一切，忘記了自己，整個身心溶入琴音與陽光。

一陣電鈴聲響起來。

我聽見李媽開門聲。

一個少女的銀鈴似的聲音：

「羅先生在家麼？」

我立刻離開琴，走到廊臺欄杆邊，向下望了一眼。還沒有望完，我突然莫名其妙的緊張起來。

「啊，是黎小姐嗎？請上樓來吧！」

不到一分鐘，一個渾身白色夏裝的少女，婷婷立在我面前。正是黎薇！

三年來，這是她第一次來找我，也是我們第一次私人相會。

朋友，你們可以想像得到，當時我是多麼驚訝，也多麼愉快。一個比女神還高傲的少女，經過三年沉默後，奇蹟似的，今晨自動投顯於我面前，這不僅別人料不到，我自己也大感意外。不過，起初雖說非常驚訝，實際上卻又覺得很自然。按我的經驗，我似乎早預感到，終有一天，我們將有進一步的接觸。它究竟以怎樣一種方式開始，我雖不大能確定，可是在內心上，我已確信：總有一天，我們會發生一點友誼。今天早晨，在一片鮮亮的太陽光中，這點友誼似乎是正式開始了。我禁不住望了望她的臉孔。璀璨日光照射著她，她的兩頰透紅，像是秋季的紅熟果實。她的一雙大眼睛，閃爍灼人的光焰，彷彿要把我擲入一片熔火。她娉娉佇立，一動也不動，似一尊大理石雕像，眞是莊嚴、冷靜，也動人極了。這種超脫的華美，我覺得有點忍受不住。

「請坐！」我指了指廊臺上一張皮椅子，半客氣半命令的對她說。

她睜著那雙又大又黑的眼睛，深深瞪了我一眼，並不接受我的命令，卻望了望音樂室內那架鋼琴，半有意半無意的道：

「在彈琴嗎？對不起，我打攪您了！請繼續彈吧！」

「沒有什麼，隨便彈了玩。初夏的陽光太動人了，這種光是需要一點音樂來伴奏的。——您不坐嗎？」

我第二次指了指附近的皮沙發椅子。

她坐下了。

「您抽煙嗎？」我遞了枝煙給她。

「不，謝謝！」

「一個美麗女子似乎應該能抽煙的。這可以使她的美麗顯得更結實點。」坐在她對面一張皮椅上，我點起一枝煙，深深吸了一口，輕輕吐出藍色煙篆，微笑著說。

「這也算是生活眞理麼？」她微笑著問，態度中帶了點諷刺。

「是的，這也算是生活眞理，而且是『清晨的眞理』。因爲，這是今晨，此刻我是偶然想到的。我想，一個女子不拒絕美麗，這就是眞理，而凡能幫助她美麗的，也就算是生活眞理了。」

她傲慢的笑了笑：

「在這樣美麗的朝陽光中，談這種冷硬的眞理，您是不是覺得有點不大合適？有點不大像眞理？——嗯，對不起，現在，我要跟您談一點正經事。」

我手執香煙，在空中劃了個半圓圈，輕輕笑著道：

「正經事也好，冷硬的眞理也好，二五反正等於一十，有什麼了不起的分別。」

我伸直腰枝。「好，您願意談正經事，我們現在就談。什麼事？」

「我想跟您學提琴！」

「您，也要學提琴？」我裝作不相信的神氣。

「是的，我要學提琴。」她仍然冷靜的說。

「學提琴是一件很苦的事哪！」我故意用對小孩子的口吻說。

她不高興的投了我一眼，傲慢的道：

「苦是我的事。教琴是您的事。如果我沒有記錯，我記得，您這裏是收學生的。每一個付了學費的人，似乎都有要求您教琴的權利，是不是？」

我把煙蒂扔在地上，用腳踩熄，微微笑著，卻用同樣傲慢的聲音道：

「那也要看什麼人。並不是每一個付錢的人，都可以做我的學生，正像並不是每一個付錢買彩票的人，都可以中頭獎。」

她站起來，向我點點頭，冷靜的道：

「照您這種說法，我們沒有什麼可談了。再會！」

她向音樂室外樓梯口走去，還沒有走幾步，我就稍稍抬高嗓子，在後面道：

「黎小姐，您能不能回來，聽我講一句話？」

她在通道上停下來，瞪著我道：

「一句話？請說吧！」

「能不能請您回來，仍舊坐下？您這樣子，未免叫我們之間顯得太緊張了。」

她高傲的走回來，坐在剛才的座位上，高傲的道：

「好，我坐下，聽您一句話！」

我微笑著，用很誠懇的語調道：

「首先，我要向您致十二萬分歉意。我剛才無意說的兩句話，竟叫您那樣不愉快，我實在抱歉之至。無論如何，您是客人，我是主人。您老遠來看我，希望從我學琴，這總是我的光榮。權利也好，義務也好，都是名詞之爭。世界上最無聊的，莫過於爭名詞了。爲名詞決鬥的人，都是雙料傻子。我們自信都不太傻，當然不會在這上面動刀槍。說句良心話吧，您如果願學琴，我極願效勞；可是，請千萬別提『教』與『學』，更別提『老師』與『學生』。以我目前這點音樂素養，哪配教任何人？更何況是您，全南京最美麗最聰敏的小姐？只要您對提琴感興趣，隨時敬請光臨，我隨時都可以和您共同研究。好，我的話說完了，這似乎不只一句了，我再次向您致歉。」接著，我自言自語：「四周的朝陽光眞可愛，又眞討厭，它總誘惑人想多囉嗦幾句。」

聽完我的話，她微笑了一下，略略收斂剛才的傲慢態度。

「您這裏教琴，不限時間，隨時都可以來？」

「那也要看什麼人。一般人都是下午和晚上。您當然是例外。」

「爲什麼『例外』？」

「我對您是應該多效一點勞的。在南京城，您簡直像埃及偉大的加納克神廟裏的神祇，崇拜您的人太多了，我自認還不夠資格崇拜，因爲我對廟外那些斯芬克斯還弄不清楚。（註）但有機會能爲一個衆所仰慕的人效點勞，我總是很愉快的。」

她傲慢的撇撇嘴，似乎不大愛聽這類話。稍爲考慮一下，她嚴正的道：

「我想我可以不必『例外』，我願意和普通學生一樣。」

「隨您的便。不過，每天下午和晚上。這裏的人多一點，很亂；您如果歡喜熱鬧，不覺得厭煩，不妨雜在他們中間。假如您願意清靜點，最好是上午；這時候，我家裏沒有什麼人。」

「那麼，就是上午。」

我們旋即決定：每星期二星期日上午十時至十一時，她來學一點鐘。

「我現在應該先付多少錢？」她取出錢包。

我笑著告訴她：我這裏教琴的規矩是：月底付錢，學生認爲教得好、學得好，才付錢，教不好、學不好，可以不付。

「至於您呢，即使您認爲教得好、學得好，還不成。必須我自己認爲我教得眞好，您學得眞好，才准您付錢。否則，我不但不能收您的錢，還要出罰款哪！時間是生命。青春更是生命的生命。我如果白白虛耗您的黃金生命，我不該用黃金來賠償您麼？」

她忍不住瞧了我一眼，微微笑了。

從她談話裏，我知道她學過幾年鋼琴，現在仍每天自習，她有一定的音樂基礎。

黎薇走後，我沉思許久。

直覺告訴我：從今天起，我的生活添了點新東西。黎薇的造訪，就是添「新」的主要因素。由經驗上，我知道，一個驕傲的少女不露感情則已，一旦瀉露，一定是可怕的強烈、壯麗。

對於美麗的女孩子，驕傲本是一種必不可少的裝飾和武器。她需要驕傲，正像國王需要皇冕，甲蟲需要保護色。它既可提高她美貌的尊嚴，也是防禦男子的自衛武器。不過，它受時空限制。當她正是少女，美麗像春花般鮮艷時，這是她的驕傲的高潮期。當她變成婦人，綺麗漸漸褪色時，它就退了潮。當她在大庭廣衆間時，她最愛驕傲。當她和情人獨處，特別是關在寢室裏時，它立刻化爲出奇的溫柔。越是驕傲的女子越懂得溫柔。我對女子驕傲作如此哲學的看法，對黎薇自也不例外。按我分析，她驕傲得正當。當一個人屹立於狗群中時，人怎不對狗驕傲呢？當一群男子搖著尾巴，追隨她團團轉時，她怎不向他們驕傲呢？對於我，她的看法可能有點不同。在南京，她的各種朋友中，唯一從未向她低過頭的，只有我。三年來，我從未對她稍露辭色，略示溫馴。仗著這一點，我可能博得她不同的評價。根據這個，今晨她才上門找我。假如我能利用她這點好感，日久天長，難保不會有新發展。想到這裏，我自然說不出的興奮。

可是，還沒有興奮完，我又不禁憂慮了。我知道，像黎薇那樣歷世很深的女子，輕易不會動情感的。她現在來找我，顯然是一種藉口：借此好認識我，了解我。一個高傲女子征服了許多男子後，野心會一天天大，凡她相識的異性，彷彿都必須跪在她面前，吻她的腳，她才心滿意足。在這種征服中，她似乎有意佈置一道道漁網，讓所有男子先後投入網中，一網打盡。一旦她發現其中竟有一尾魚漏網，她想盡辦法，也要把它捉進去；不這樣，她覺得尊嚴受了傷，自信失了廣泛基礎。對於黎薇，我很可能是一條漏網魚。她自動接近我，與其說是出於情感，不如說是由於好奇。「瞧，這個男子眞奇怪，別人都以吻我的腳爲榮，他卻連我的臉也不屑看一眼。他有什麼理由這樣傲慢呢？難道他的心眞是鐵石做的？我現在非要探一次險不可，探探他究竟是鐵人，還是肉人？探探他究竟是能征服的，還是不可征服的？」假若黎薇眞抱著這種態度來接近我，那我就得特別謹愼，小心別落入她的圈套。

我思索很久。從男女關係上，我似乎明白另外許多事，我苦笑了。

第二個星期起，黎薇當眞來學琴了。

每一次她來，總比預定時間早幾分鐘，風雨無阻，從不缺席一次。這時，她已經在C女大畢業了，儘有充裕時間供她自由支配。她之所以學琴，一部分原因，大約也爲了繼續進修，充實自己。她學得很認眞，很仔細，無論從哪一方面說，全算是模範學生。她私人的練琴時間相當多，預定的功課，她總能做完。對於我的教授，我的每句話，每個動作，她都耐心捕捉，詳細咀嚼。看她那種誠摯神氣，誰也不會相信：在另外一些時候，會叫成串的男子跪在她膝下。

每一次出現，她的裝扮總新鮮動人，好像不是來上課，是赴跳舞會。我看得出來：她的打扮，多半爲了我。她要吸引我，媚悅我，叫我屈膝於她的美麗，叫我爲她的艷容發痴入魔。我和她在一起，又愉快，又煩惱。愉快的是：她是那樣美，像一幅活動的迷人幻景，給我以狂熱的鼓舞，我從頭到腳，沉浸於她的美，像麋鹿嘴部赤裸裸的沉浸於泉水。煩惱的是：她太美了。這種美不是常人所能忍受的。我即使把她看成一幅畫、一尊浮雕、一片風景，也抑制不住想匍匐下來，禮讚它們。然而，這一「想」，我只能埋藏在心的最深處，在神色間，我絲毫不敢表現什麼，也不能表現什麼。只要我表現出心頭思想的千分之一，我就有可能遭遇到一種可怕的懲罰，我將聽見一個高傲的聲音：「哼，看你外表這樣堅強，內裏到底不過如此，還不是我那榮譽連裏一名小兵。我玩夠你了！我看見你的可憐相了！滾開！」

這種情形，正如我們面對大海。儘管藍色海水夠美，可我們不能探下身子啜一口，天！初學提琴，先得講究操琴姿勢，其次是弓法、指法。爲了校正她的錯誤，我的手指難免不接觸她的手和臂。每一次接觸，她的大眼睛總閃射一點紅光，它竟掩飾了她所有的驕傲。這時，她臉上霞樣的放光，魅極了，媚極了。從這片光彩中，我似乎敏感的看透她純潔的靈魂，她的處女的雪白的心。儘管她高傲、老練、世故，少女總是少女。這種少女的純感情，仔細品味起來，眞比哈蜜瓜還可口。我對她望著，望著，似乎並不是望什麼，而是咀嚼一隻迷人的果子。實際上，她就是一座燦爛芬芳的果園。

上課時，她很少說話。有時，我故意和她說點笑話，她的反應簡潔、冷靜。她一直用一種又高傲又溫和的態度對付我，叫我感到她是一個女皇，一個神聖不可侵犯的神像，可又是一朵溫柔的鮮花。一下課，她立刻回去，極少停留。

一個月過去了，我們的友誼很平靜，純粹止於師生關係。我從未想像我們將來會怎樣怎樣。按我的觀點，我雖然喜歡她，但我渾身湧顯的只是一種書本上的感情，而不是現實生活裏的。我欣賞她，只因爲她的性靈、風度、形相，接近我的美的理想。我理想中美的典型、美的規律，現在似乎借她實現了。我對她的愛，是一種純粹的同情，清潔的幻想，同時還滲雜若干宗教意味，屬於自我犧牲性質的。爲了尊敬她，而又防禦自己，我不能不走這樣一條又艱苦又高尚的路。我對女子本無私念，更少佔有慾，我注重女子的靈，遠過於她的肉；我愛女子的神韻，遠過於她的形體。在女子面前，假如我稍帶一種玩世態度，那是一種自衛，而不是一種攻擊。我的生活信條之一是：絕不以女子爲敵人。在這心態下，我對於黎薇，天然會採取母性態度，我看她如慈母看子女。和她接觸時，我的玩世方式與諧謔態度，只是一種掩飾，遮蓋我內心對她的情感，正像她以驕傲爲掩飾一樣。

在以後幾個月中，一天天的，我對黎薇的態度是確定了。我有一個野心，要向她證明：天下男子，並不都如她所想的那樣卑鄙自私。在這個社會裏，一般男子給予女子什麼，（無論精神上、或物質上的，）總要取得什麼。但我應該是最少數的例外之一。我會把我全生命交給一個女子，而絲毫不想取得什麼，甚至她的一言一笑。我此刻所獻給黎薇的友誼，正是如此。我要儘可能愛護她，幫助她，在形式上卻又絲毫不顯露什麼，表示什麼。

爲了實踐我的戀愛觀，在和她的交往中，不由而然的，我現得比較純潔、自然、誠懇。這三個特點，當我們參加任何集會時，發揮得很顯著。許多人在一起兒玩時，大家都以她爲中心，盡可能賣弄自己，表現自己，彷彿上演一齣極賣力氣的戲。這種時候，我總躲在一邊，很少對她說什麼，做什麼，最多不過微笑而已。但當我發現她被他們煩擾得有點厭倦時，我會輕輕走過去，溫柔的問她：「怎樣？感覺累嗎？您該休息一下了。」如果是夏天，我會遣人送她一柄扇子：如果是冬天，我會找人遞給她一杯熱紅茶；假使她流汗，我傳給她潔淨的手帕；假如她不舒服，我爲她準備最適用的藥品；如若她眞疲倦，我給她一杯葡萄酒；如果她頭暈，我把汽車開得特別慢；假若她怕太陽，我把墨鏡借給她；如果她心煩，我會講笑話，或奏琴爲她消遣，……。這一切零星服務，自然並不難，難在時機適當，態度適當。當我照顧她時，她能從我身上呼吸到一種母愛，一種純人與純人之間的同情。在一個大集會裏，許多男子惡俗的糾纏她時，她不由而然的會想到我，願意躲在我的身邊，受我的蔭庇，保護。或多或少，她已感到：在她的友誼圈子內，只有我是比較風平浪靜，給而不取的。

近半年過去了，我們的友誼始終很平凡，很平靜；但在平凡與平靜中，卻又有一點不平凡、不平靜。我們從未正式相互表示過什麼，一直保持嚴正的師生關係。不過，在拘謹與沉默中，我們卻說不出的覺得接近、默契。

這半年中，除了授課，我從未單獨找黎薇，只在集會上，團體活動中，我們才另有見面機會。我這樣拘泥形式，是在向她暗示：「儘管我十分尊重你，甚至膜拜你，但我絕對保持嚴正態度。你可以覺得我的談笑詼諧、玩世，但我的行爲卻最規矩，守本分。」我知道，行爲上一分嚴肅，遠勝過嘴巴上一百分道學。

這年秋天，一個星期日上午，上完課，臨走時，黎薇忽然例外的向我提一件事：

「羅先生，今晚我父親想請您吃晚飯，飯後有一個小跳舞會，您可以賞光嗎？」

她平靜的說，語聲中卻充滿了期待。

「您父親請我——？」我有點懷疑。

「是的，他早就想見見您了！」

我稍稍躊躇一下，旋即接受她的邀請。我的態度現得很爽直。

「謝謝您。」她微笑著，向我點點頭。

這一晚，我打扮得一身新，去赴她父親的約會。這還是我們初次見面。她父親身材高大，氣宇軒昂，是一個幹練的老人，舉止間不脫外交家本色：圓滑而莊重。她母親相貌端莊，個子中等，是早期中國女留學生之一，受過西洋文化薰染，談吐動作，溫文儒雅中顯得爽邁，很是高貴。其實，不必與他們相見，我早就能想像得到他們的嫻美風姿、華貴派頭。像黎薇的那樣一顆高尚的靈魂，如沒有良好家庭教育長期培養，絕對不會滋生。我略感不安的是，這一對老人的態度，有一種相當深的門第觀念，大約受了英國人的影響。我聽說他們在英國住的時間最久。他們對於根深柢固的社會傳統，似乎特別拘泥。

晚餐席上，幾乎沒有多少客人，純粹是家庭式小聚會。談話中，黎薇父母對我頗謙恭有禮，招待也很慇懃。他們表示：對於我的醫學和音樂，早就景仰不止，希望我能做他們的忠實朋友。又說：黎薇年紀輕，閱歷淺，儘管已大學畢業，文化學養，還得進修，在教育上，我得多多指導她、督促她，把她當作自己的子女。我們談了很多。越是聽他們談，我越是尷尬。按照他們口氣，黎薇彷彿已成爲我的晚輩，我對待她，應該像對朋友子女似地，加以周密的愛護，正直的扶掖。我想：「也好，我對她的關係，本是超然的，有點宗教性的。你們這一說，我原先對她的態度，是更確定，更牢不可拔了。」

晚飯後，休息片刻，在大客廳裏，開始跳舞，這時，一些新的客人已陸續到齊。參加舞會的，有十幾對男女，大多是黎薇的朋友。

黎薇母親彈鋼琴，我的兩個學生拉提琴，另外兩個青年人吹小喇叭，敲銅鼓，簡單的舞樂伴奏，輕易的湊成了。

帶夢幻性的舞曲響起來，柔美的旋律游泳於淡藍燈光中，大客廳內，似充滿蜜與奶汁的芳香氣息。華爾茲是瀟灑的、溫馨的，它以一種特有的華麗情調叫人酲醉、愉快、幸福。在所有華爾茲舞曲中，史特勞斯的最是香艷、旖旎、緜甜。這位「華爾茲之王」、「藍色的多瑙河」的創作者，像是我們的好友，佇立一邊，輕輕笑著，望著我們十幾對舞者，沉沒於他的玫瑰樂句。

黎薇穿一襲白色喬其紗晚禮服，像一尊透明的白色女神，灑脫的迴旋於舞池裏，翩翩的，似展開兩片白色翅羽。

從第一支「翠堤春曉」舞曲起，黎薇就把白玉臂膀遞給我。這以後，她一直伴我跳，除了她父親，及老父二位友人，託詞婉拒任何人的邀請。

在藍色光暈氛下，我輕擁著她，蜻蜓似地旋轉著。當我的胸脯子偎貼她的軟軟酥胸時，那一種麻癢癢甜綿綿的感覺，眞叫我全身發酥發軟。我彷彿不是抱一個女人，而是擁抱一個天鵝絨物體，經它的綿柔一接觸，渾身上下，無處不酥麻，無一絲不舒服，我的騷動性的神經，彷彿也經熨斗燙了一遍，燙得平平的、齊齊的，再沒有一毫皺紋。

我禁不住輕輕笑著，對她耳螺低語道：

「黎小姐，我們認識三年半了，這還是我們第一次跳舞哪。您現在有什麼感覺嗎？」

「您現在有什麼感覺嗎？」她回眸一笑。

我注視她的臉。

「我現在的感覺很神秘，很微妙。我彷彿不是抱著你，而是抱著一片天鵝翅膀；這天鵝從碧霄飛越碧霄，飛、飛、飛，把我帶入一片不可思議的境界，靈幻極了，也美極了。——您正是一隻美麗天鵝，從柴可夫斯基的『天鵝湖』裏飛出來，您的手臂就是翅膀！」停了停。「好，我說完我的感覺了。您呢？」

她不開口，只是輕輕笑。有好一會，她才微笑道：

「我的感覺和您一樣，很神秘，不可想像！——嗯！」

幾次舞過去了，她始終只陪我跳，我忍不住道：

「您不陪他們跳嗎？」

她用冷靜的眼色，瞪了我一下，傲然道：

「我有一定陪他們跳舞的義務嗎？」

「這不是義務，這是禮貌，今晚您是主人，他們是客人。主人總該慇懃招待客人的，是不是？」

她鄙夷的撇撇嘴，傲慢的道：

「不，他們並不是我的眞客人。今晚我的眞客人只有一個：您！我是專爲陪您跳舞，才舉行這個舞會的。他們不過是陪客，他們自己會搭配的。」

她又補充：過去她和他們常有跳舞機會，是舊舞伴，我卻是首次同舞。她必須把全部時間給我。

我望了望她的傲色，輕輕笑道：

「您對他們爲什麼那樣傲慢呢？」

她臉上現出一派女神莊嚴，冷冷道：

「對於那些崇拜傲慢的人，我有義務給予他們傲慢！」

最後一曲華爾茲跳完了，已十點多鐘，大家都在休息，準備回去。

我走過去，向黎薇告辭。

她用神秘的眼色望望我，半央求半命令的道：

「不，您等等回去！您現在陪我去喝點飲料——跟我來。」

不待我首肯，她就把我帶到另一個房間，看室內佈置，我猜是她的書齋。

一張圓檯上，鋪陳白色鏤空挑花檯布。安置三瓶法國白蘭地，兩盤精緻的奶油巧克力點心，以及兩盆花旗橘子，煙臺蘋果和萊陽梨。

她打開瓶塞，注滿兩大玻璃杯酒，遞我一杯：

「來，我們喝一杯酒！」

她擎起杯子，和我碰了一下，一口氣飲下去。被她的豪爽所威脅，不由自主，我也舉起杯子，一口喝盡。

我好奇的凝視她：她面龐湧顯一片特殊紅光，這紅光，三年半來，我從未在她臉上見過。它艷麗極了，也強烈極了，代表一種夢幻的衝動，神奇的意志。說不清爲什麼，在我眼裏，此刻她已不再是一個女孩子，倒像一片美國大峽谷無底深淵，又恐怖，又富吸引力，我是又醉、又怕。

「您過去很歡喜喝酒麼？」

她搖搖頭：

「不，我從來沒有喝過酒。可今晚卻有喝酒的興致！來，再乾一杯！」

她又注滿兩杯酒，和我碰杯。頭一仰，我們都喝乾了。

她用叉子叉了兩塊奶油西點，放在我的白色碟子內，又爲我剝了個美國橘子。

「吃點水果和點心吧！您不餓嗎？」

我告訴她：一點也不餓。

「您餓嗎？」我切了幾片削好的梨，用叉子放到她的碟子裏。

「我不餓。我渴得厲害。這裏悶熱極了，像著了火似地。」她指指她的胸膛。

「那麼，您不該再喝酒了。我去給您取一杯清茶，好不好？」

「不，您坐下，不要動！我不想喝茶。我只想喝酒。在一個人一生中，很少有幾次是眞正渴望喝酒，懂得喝酒。今夜，我正是這很少幾次中的一次。來，我們再乾一杯！」

她又打開一瓶白蘭地，舉起酒杯。

我用懇求的眼光看她：

「您能不能答應我：不喝這杯酒？」

「不，今晚您是我的客人，客人應該尊重主人的意見！平常您是極勇敢的人，今晚難道連喝一杯酒的勇氣也沒有麼？——來，喝乾它！」

在她的炯炯目光逼視下，我下意識的喝乾第三杯。

我抬頭凝視她，她的臉孔紅極了，簡直像是一把火，熊熊燃燒著，璀璨而綺麗。在火光中，整個黑夜似乎改了觀。從空氣裏，我彷彿呼吸到火的熱度。

一壁凝視，我一壁用激動的聲音對她道：

「黎，今晚，您似乎特別興奮！您從來不是這樣的。發生了什麼事嗎……跳舞的時候，我就從您身上感到一種特殊的熱，特殊的火。我彷彿並不是和您跳舞，而是和火跳舞！現在，從您的臉上，我又看見這火，又可怕又美麗的火！黎，告訴我吧，您一定發生什麼事。我能爲您盡點力嗎？」

她冷靜的道：

「不，沒有什麼！我今晚有點奇異的情緒，這點奇異，過一會您就明白的。您能不能再陪我喝一杯？喝乾這一杯，瓶子就算空了，酒瓶總該讓它空的，對不對？」她傾注最後一杯酒。

「好，我答應您！」我高高舉起酒杯：「黎小姐，我借這杯酒，慶祝您今晚那點奇異情緒！」

「您說得好！我愉快極了！」她笑著望我，這笑眞甜，且帶了點狂猘。

臨告辭時，她送我出門。

快上汽車了，她突然把脅下一個大紙包遞給我：

「這包東西，您帶回去。」

「什麼東西？」我驚訝的問。

「您不必問。您回去打開看，就會明白的。——Good Bye! Good Night!」

她向我擺擺手，立刻轉回門內。

「Good Bye! Good Night! 」

我也向她擺擺手，頭腦卻很昏。

我的汽車旋即開動了。

（註）加納克神廟，是古埃及最大的廟宇，用以祀奉安夢神。從廟宇到河濱大道，兩旁全是怪獸斯芬克斯造像。

第四章

一年四季，天空有時總要出現幾抹奇異的雲彩。人的一生，偶然也會出現一兩次奇蹟。這種奇蹟像紅花綠樹，太陽閃電，沒有它，生命就不美，不亮。有生以來，我常憧憬這種奇蹟，幻想它、崇拜它，卻從未希望它降落在我的身邊。獲得奇蹟的人，需要特殊的德性，超人的福氣。我既無大德，又無大福，我沒有勇氣企盼奇蹟。我只常常夢想：或許有一天，它會像一片落葉，悄悄的偶然隨風飄到我身邊。當我拾到時，只當作一片平常落葉，並不驚奇，更不珍惜。一轉瞬間，不知由於什麼魔法，它陡然變成一片嶄新的天地，一個充滿幸福與光亮的世界，改造了我的整個命運，包括我的靈魂與思想。

今夜，兀立廊臺上，眺望暗藍色穹空，我想起奇蹟。我相信，會有一點奇蹟出現在我身邊。

這正是午夜，星斗繁茂極了，彷彿是春季花園。天非常之暗藍，藍得出奇，溫柔，叫我舒服。我站在藍色的夜裏，晚風輕輕搖撼我，撫摸我的頭髮，摩娑我的身子，我享受它的清涼，呼吸它帶來的樹葉子香氣。九月的夜眞靜，眞溫存。在我的手上，是黎薇給我的大紙包，直到此時，我一直不敢打開它。我猜測，它裏面所藏的是奇蹟，打開它，就是打開奇蹟：它或者是最大的幸運，或者是最大的惡運。無論是幸運或惡運，全叫我害怕。

在廊臺上散步許久，我終於回到音樂室。一個強烈慾望爬出來，我必須打開奇蹟，不管它帶來的是詛咒，還是祝福。

手微微抖顫著，拆開紙包，四厚本洋裝手冊跌到沙發上，每一冊都是燙金字的銀色皮面。

隨便翻開一頁，渾身血液立刻衝上臉，我的心「トト」跳起來。

這是黎薇三年半來的日記。

謎是揭露了。

熱情的火包圍了我。我的每一根神經異常緊張。我放下日記，跑到樓下廚房內，煮了一壺濃濃的哈瓦那咖啡。這時，李媽早入睡了，我不好打攪她。

又一次，我返回音樂室，這是每周兩次我和黎薇聚會的空間。今夜，我必須在這片充滿記憶的空間，斜靠著我們共坐過的豆紫色長沙發，安安靜靜，打開我的「奇蹟」。

我倒了杯熱咖啡，取出一盒久未吸用的「老美女」雪茄。劃了根火柴，點起雪茄，噴吐出一裊裊的藍色煙霧，喝了一大口咖啡，我開始翻開日記。

一頁頁的，我讀下去。我所看的，似乎不是一頁頁白紙藍字，而是一幅幅靈魂畫像。這畫像是這樣美，這樣魔魅，叫我想哭又想笑，想樂又想悲。看著看著，我的眼淚滴落紙上，與眼淚俱來的，是唇邊的微笑，心頭的甜蜜。

在這四大本日記上，黎薇傾瀉下對我的全部情感。從三年半前C女大那個晚會起，直到今天早晨止，凡是有關於我的，她幾乎全記錄下來，毫無隱瞞，毫不掩飾。在這些娟秀鋼筆字跡中，我似乎可以呼吸到她鮮紅的血液，她震蕩的心跳，她火熱的體溫，以及她眼波的流動，她緊唇的微笑。這並不是一些由人寫成的字，而是一團團的火。這幾百頁就是幾百團火，燃燒在我的眼前，焚灼在我的心頭。我一面讀，一面猛烈抽雪茄，喝咖啡，讓跡近暴風雨式的刺激麻醉我、宰割我。我眞願紙上的火迅速傳到我身上，把我活活燒死。如果這樣死去，我會感到十分幸福。

日記裏關於我的部分太多、太長，我無法一一轉錄。我祇能摘要舉下面一些例子，略略證明黎薇的情感、思想，和內心的鬥爭。

×月×日

今夜校慶十週年，開晚會，我擔任總招待兼司儀。

有生以來第一次，我遇見一個極殘酷的人：羅聖提。他演了一齣即興戲，來玩弄我、諷刺我。他的目的達到了。在掌聲中，當他提著琴下臺時，他用最傲慢最冷酷的眼光掃了我一眼，這一望，比鋼刀還銳利，直刺入我的心坎。直到現在執筆，一想起這件事，我週身還抖顫。我恨他，恨他，恨他，恨他，恨他，恨他，！……

很少有男子不在我面前發抖。

沒有一個男子敢這樣玩弄我！

啊！羅聖提！我恨他！恨他！恨他！恨他！恨他！恨他！恨他！恨他！……

×月×日

上午在聖心堂參加唱詩，邂逅羅聖提。出於我的意料，他竟對我和藹極了，溫柔極了。我絕未想到：這樣一個殘酷的魔鬼，也會有如此可親的態度。人眞是一種奇怪的動物。爲了報復他，我本該擺出最驕傲的臉色，故意不理他的。但說不出爲什麼，當時卻忘記報復了。他笑吟吟的面孔，似乎傳染了我，事後我很後悔。不過，報復的機會有的是！將來我總要給他一個難堪的。

×月×日

報復羅聖提可眞不是易事，他彷彿知道我要報復，盡可能疏遠我，偶遇，連招呼一下也不。我的美麗對他好像毫無影響。眞怪，世界上竟有男子，用一副岩石視覺對待女子的美。

×月×日

一次又一次想報復羅，總不成。說也奇怪，漸漸的，我覺得羅倒不像我所想像的那樣可恨了。今天我聽他和一位小姐談話，風度是那樣嫻雅，話語是那樣體貼，我開始發現他的動人處。不過，我得警惕自己。最可怕的魔鬼也有扮演上帝的時刻。

×月×日

羅確有可愛處。在任何團體活動裏，他總是那樣落落大方，配上他英俊的儀容，現得瀟洒出塵，一點不自私，不賣弄。比起他來，不少男子都顯露粗鄙少文，幼稚可笑，更說不上什麼風度高雅了。

今天，我們校內校外一些年輕人集體遊中山陵，羅也參加了。一路上，我看他照顧一位女學生兼女友，無微不至，簡直像一個可愛的母親。他是醫生，隨身總帶了點藥品，跟他旅行，別耽心臨時出毛病。他在大旅行車廂角落找了個座位，把自己的淺黃呢毯子疊舖在上面，墊得厚厚的，請她坐上去，脊背正好斜靠住角落，非常舒服。他還怕她兩足安頓得不夠舒適，便把自己小旅行皮箱擱在地上，讓她放腳。目睹他這樣做，大家都笑了。他幽默的道：「我是女人的典型奴隸。有一天，假使我能做一個女皇的僕人，我會侍候得她連皇位都不想要了。」說完，大家都笑了。

我看得出來：他的服侍極自然、親切，不像別人那樣西崽相。

他不僅會服侍，並且還會解釋服侍。我聽他笑著解釋：「脊背斜靠在車廂角落上，像青草長在牆角上，安全極了。你座上的毯子是駱駝毛織的，你儘可以想像是騎在高高駱駝背上，正在旅行新疆戈壁沙漠。你的雙腳踏在旅行箱子上，你可以把它當作一個你所恨的人，平常沒有報復機會，此刻不妨盡量踐踏他。」他解釋完畢，大家全笑了。

這個人的嘴唇，像是蜂蜜與玫瑰花編織的。

×月×日

眞是咄咄怪事，羅對任何人都親熱，只對我冷淡。在我們之間，彷彿隔了一座深而遠的秦嶺山谷，永遠跨不過去。我們像站在兩座山頭上，所能做的，只是打打手勢、點點頭而已。

×月×日

晚上，玄武湖畔，有露天音樂會，羅奏了兩支小夜曲，蕭邦和克銳斯勒的，太美了。在銀白色月光下，他渾身銀白色裝束，是那樣英俊動人，卻又純潔如處子，忍不住叫人想多看他幾眼。奏完了，他獨自踱到湖邊，斜倚一株柳樹，似在沉思什麼。他那派幽靜，眞像一個超脫的詩人。我踅過去，想和他談談，他卻轉身走了。多怪啊！

羅的提琴有一種異味。提琴是性靈的完整表現器。他有一顆優美的靈魂，所以才澤瀉出這樣優美的琴音。個性又是音樂的泉源，源頭聖潔，流水才聖潔，音樂才聖潔。我相信羅有一泓極純粹的個性。

×月×日

今夜，在南京劇院，羅舉行盛大的個人演奏會。當他奏完塞拉色特的「西班牙舞曲」時，他的黑黑眸子充滿神妙的光亮，好像一個少女正在夢想她的情人。他的眼睛很美，很美；它們望你時，似兩道閃電，直透你心靈最後一個暗室，把你全部內核空間都照亮了。

才奏完第一支曲子，五六個女孩子就向他獻花，其中，一個是我。我那一籃丁香花，是託一個同學的妹妹獻上去的，他不會知道，我也不希望他知道。

最後一闋大曲子，仍是孟德爾遜的「提琴協奏曲」，這使我想起兩年前那個晚會，但我現在對他沒有一絲恨意了。相反的，一天天的，我歡喜他了。

「提琴協奏曲」第二樂章，美得叫人不能忍受，我想它正是羅的心魂的最好說明，這一樂章，把他內心所藏的許多元素，全淋漓盡致的坦露出來了。只有一顆最可愛的心靈，才能把這一樂章的最可愛處表現出來。羅這個人！就是這樣一個樂章。假使有一天，我真能沉醉在他的感情樂章裏，該多好！

一七××年冬天，一個上午，在凡爾賽宮裏，路易十四陪他女朋友彭巴杜夫人看雪景。這位「大君主」，用溫暖手指，在冰凍玻璃窗上寫了幾個字：「天下最變化不可測的，是女人的心。」我承認這句話是眞理。兩年多來，我自己正在印證它。我不能不變。我不能永守原狀，死硬的把幸福關在門外。生命是那樣迷人，生命中眞正迷人的畫幅，卻又那樣少！

×月×日

我不諱言，我是被羅迷住了。任何男子都叫我感到魚腥，只有羅是古代大宛的葡萄田，它能變形爲一杯杯甘釀，令人心爽神怡，一片芬芳。

今天在跳舞會上，他像一片璀璨的北極光，奇異的吸引我。我再克制不住自己，自動走過去，找他說話，只談了兩三句，他就走了。他眞是古怪，爲什麼這樣躲避黎薇呢？黎薇是一個女妖麼？

看來，這絕不是一種偶然。將近三年來，這種偶然，已發生過五六次了。他幾乎把我當做非洲「塔布」（註），盡可能迴避我。難道我身上眞有一種可怕的事物，叫他害怕麼？

×月×日

從今天起，我正式找羅學琴了。認識了整三年，我們沒有正式談過四句話以上，多有意思！當然，那次校慶晚會，他是在演莫里哀的諷刺戲，不能算正式談話。他對我既始終存芥蒂，有戒心，我只得遷就他一點了。爲了解除他的武裝，我不得不先放下武器，讓他徹底明白：黎薇絕不是一個女性「藍鬍子」。和黎薇交往，也絕不是在懸崖邊緣散步。他儘可不必擔心他畢生的命運。

今天上午，第一次和羅談了這麼多，我們簡直是在演戲，有趣極了。羅如果上臺做演員，定能叫座。可上帝知道，這齣戲只是一個開始，將來劇情的發展，還是代數學上的x、y。而且，這x、y，可能很多很多。我有點怕它們，但從心底說，它們卻迷住了我。

×月×日

向羅學琴，有一個多月了。一天天的和他多接近，一天天的，發現他更多的優點。他這個人，眞有點像三峽奇景。我這艘船，看著看著快到江面限點，要碰撞峯腳了，眞入其境，前面卻又出現新空間，新山景。而每一片新山景，是同樣的奇美，同樣的吸引人。

他對我非常愛護、體貼。這些，任何抽象的頌詞，全不及一個具體的實例。有一次，我偶然臨時因事，要寫一張短條子，寄給本市一位女同學，他爲我準備紙筆等等不必說了，最後，他不僅給我拿來白色信封，上面還貼好郵票。而這種信封有好幾個，他說：他早就預感，有時我可能在他這兒寫信。有一次，我受了點寒火，講話稍失音，下課時，他交給我幾包藥片。「你冷熱失調，喉頭有點發炎，這兒是清涼散，消炎劑，解痛劑。」他溫柔的說。又一次，我鼻頭有點塞，上課時，咳嗽了幾聲，臨走時，他又給了我幾包藥。「你有點感冒了。別小看它，很消耗體力，增加心臟負擔。」又一次，學琴才一月，他說：「下星期起，你每早七點來，八點回去。天熱了，所訂的時間，對你健康不合適。」我十分清楚，夏季，每天上午七點到十一點，是他化驗工作最忙時，為了我，竟變更工作時間。這以後，每逢拜二拜日，我準七時到，發現大門已經微啓，我不需撳電鈴，逕直上樓。只聽見音樂室櫃式蓄音器、正在放莫扎特或孟德爾遜的樂曲，他們是我最愛的兩位大師，他特為播奏，來迎接我的。才走進去，丁字圓檯上，一杯深棕色可口可樂早準備好了，他知道我最愛這種飲料。又一次，下課時，忽然落雨，他從隔壁寢室拿出一件淡藍色連帽雨衣，送給我。「奇怪，這是一件女式新雨衣，沒有穿過。」我納罕的說，他不解釋。後來，我才明白，這是他特意早買來，專防我下雨不帶雨具的。

這些事，說也說不完。一句話，他對我的體貼，是水銀瀉地，無纖不入。在感覺上，我卻享受著一份天鵝絨式的溫柔、舒恬。

羅雖然愛護我，言語舉止間，卻從未正式透露過一絲愛。有時候，我眞有點弄糊塗了，他究竟是「愛」我，還是「愛護」我？這一字出入，直是天上人間兩境。恍恍惚惚的，每當我彷彿從人間昇上天穹時，他一句話，一個動作，卻又叫我從彩雲下降人寰，多神秘！一個充滿維納斯情調的女孩子，似乎常常又清醒，又糊塗，情感在精神地球兩極不斷飛翔，似乘科學家所幻想的那種火箭。更確切點說，我是正在走靈魂浪木，一片無休無止的動盪，忽而從這一頭衝到那一頭，忽而從那一端奔向這一端。

也許，他的愛情風格，是中國寫意畫，不是西洋油畫，是風，不是雪，是海水，不是山峰，又象徵，又飄忽，又流動。正是這種捉摸不定，猜不透謎底，這才叫他更富於魅力。然而，我總朦朦朧朧預感，在他性靈內核空間，卻是一派比舍利子更堅固的實在。可此刻它還和我隔了一層漫天迷霧，我還不能衝過霧陣，有血有肉的，親炙這片堅固核心。

但我相信，總有那麼一天，……

×月×日

我要借宙士大神彩筆，蘸著朝霞，在蔚藍天穹塗寫這三個巨字：「我愛他！」我要借上帝畫筆，浸透白晝陽光，黑夜月光，在宇宙空間深處，繪製這幅巨畫：「我愛他！」

我要讓全世界看見這三個字，這幅畫。我要讓一切星星窺見這三個字，這幅畫。

我要叫天風吹拂它們的色澤。我要邀海水傾聽它們的色素。我要請求藍色地球環繞這片色彩旋轉。

「啊！羅聖提！」這三個字多美！形相美！音節美！內涵更美！我靜立於書齋窗口，面對滿溢月光的花園，輕輕唸這三個字，一遍又一遍。我彷彿不是唸一個人的名字，是唸聖主的名字。這三個字，像三朵玫瑰，一朵朵的，輕輕的，從我紅唇邊吐出來，落在我靈魂花園的土壤上，叫我內心一片紅，一片香，又一片熱。

啊！聖提！今夜，你的芬芳將攪混著月光，悠悠送我入夢——你的最後故鄉。在那兒，我倆默默對望，直到燦爛的陽光照射東窗。

×月×日

啊，聖提！你知道麼？每一夜，我都在悄悄和你談話。無論是醒著、睡著、夢著，你彷彿全在我身旁。只要是我獨自一個，在我自己房內，沒有一秒，你不與我同在。沒有一吋空間，你不伴我同在。在每一面粉壁上，每一扇窗玻璃上，每一條帷幕上，每一張桌子上，每一盞燈光裏，我全看見你。走到室外，在每一朵花上，每一株綠草上，每一棵樹上，每一線陽光中，每一片月光中，每一顆星星上，我都看見你，你幾乎像上帝一樣，無所不在！

×月×日

是時候了，我必須和盤托出一切了。我想，我得把我最內核的靈魂空間全部向他赤裸。我心之深處最後一個秘密暗室，也得對他敞開，讓他筆直走進來，瞥見室內一切陳設：每一隻花瓶、每一朵花、每一盞燈……。

眞正，我再不能忍耐了。我們之間的長期啞劇，或者說，那種梅特林克式的「靜的戲劇」，應該結束了。我願爲此付出最高的代價。那些ｘｙ的命運，一部分操在我手裏，一部分則由他掌握。屬於我這一份的，我將無條件的奉獻一切。屬於他那部分的，直到此刻止，是個謎，至少，還是個謎。可我不管了，大不了上刀山，下油鍋，甚至蒙受比這二者更可怕的侮辱。我有勇氣、有決心，準備承擔一切。

當然，我這一場靈魂裸體畫展，必須開幕得很自然，很美麗。我絕不能像一般女孩子那樣蠢！

唉，天知道，我是在害怎樣一場可怕的熱病！

×月×日

命定的時刻到了，今晚決定一切。我絕不相信，他對我毫無一絲感情。我不相信，我的敏感會全部欺騙我。我更不相信，他看完上述畫展，會像三年半前那個晚會時刻一樣！

啊！偉大的主！請賜福於我！

看完日記，天已大亮。我前後喝了兩大壺咖啡，吸了六枝雪茄，腦子膨脹極了，像一隻巨大水母，也空極了，像一隻葫蘆，但精神一點不疲倦，正相反，我現在很堅強、昂奮。我彷彿親眼看見：一根根樹枝狀神經怒張起來，似春天綠樹叢。看看腕錶，已經五點十分。我閉上眼睛，斜躺在長沙發上，一遍又一遍的，撫摸那四冊日記。撫摸著，撫摸著，一陣陣狂猘火焰不斷從心底衝出來，宛若愛特納火山的硫磺熔岩。我竭力使自己鎮靜，然而毫無辦法。我的身子睡著，心卻醒著。

休息了一會，約莫六點了，我梳洗一番，立刻打電話給黎宅。

不到幾秒鐘，一個美麗聲音響起來，是我最熟悉的。

「您是誰呀？」黎薇的聲音似乎微微顯出驚訝。但敏感的直覺告訴我：它絕不是眞正驚訝。

我閉上眼睛，故意用最溫柔的聲音輕輕笑著道：

「你猜？」

耳機裏只聽見咕咕笑聲。

「猜到了嗎？」我笑著問。

她咕咕笑著道：

「不，我猜不著，猜不著，請告訴我：您貴姓呀？」

「我姓黎，大名叫薇！你呢？」我笑著說。

「我姓羅，芳名聖提。」

「哈哈哈哈……。」

「哈哈哈哈……。」

我們大笑起來。

「好，不開玩笑了。現在談正經事。黎，你現在有空嗎？」

「有！」

「我們到玄武湖去划船，好不好？」

「好！」她仍輕輕答。

「我馬上開車來接你。」

十分鐘後，汽車喇叭在黎宅門口響起來。

閃電似地，一個紅衣少女從門內衝出來，她似乎等待好久了。

她跑不幾步，就站住了。

我一下汽車，也站住了。

我們相距約有七八尺遠。

電光似地，我們的眼睛相遇了。

我們深深的、深深的、深深的互望著。

她用火焰色的大眼睛望著我。那不是凝望，是爆炸性的燃燒。我相信，在我的眸瞳裏，也有同樣的爆炸性。街道幽僻，清晨闃無一人；空中似充滿硫磺火藥氣味。一座維蘇威火山等待爆發。

這一長久對望，太銷魂了！太沉醉了！眞叫人不能忍受。

不知何時起，不約而同的，我們忽然一齊向前衝去，比野獸還盲目、激動。一剎那間，天旋地轉，我們的身子熱烈的纏在一起，我們的嘴唇熱毒毒的膠住了。一種粗暴的潛伏力量推動我們，魔手似地把我們焊合了。這時候，即使有千千萬萬人投石子，我們也毫不介意。一種鎔鋼爐裏的瘋狂煉燄，早把我們鎔成一片。

我們猛烈擁抱著、狂吻著，好像兩片大風暴、大雷電。這些數不清的密吻已不是吻，是心與心的撞擊，靈魂與靈魂的猛擊。我們這時眞是火極了、迷極了、狂極了，沒有言語能形容我們，沒有文字能形容我們，沒有畫面能形容我們。沒有音樂能形容我們。……

銷魂了四五分鐘，在一股狂熱中，我把她輕輕托起來，抱進小道奇。

汽車開了。我一隻手操駕駛盤，一隻摟住她的楊柳腰。每隔一分鐘。我總偏過頭，在她頰上輕吻一下，似蜻蜓點水。終於，我望了望她鬢邊那朵粉紅月季花，悄悄摘下來，插在我米色西服左上襟小口袋裏。

「讓牠永遠留在我身邊，好嗎？」

她帶安格爾女像畫風的俊美臉上，閃射出濃烈的霞光。她那雙淵沉的大眼睛，不斷深情的注視我，喝醉了酒似地。突然，她伏在我肩膀上，吃吃笑著，笑著笑著，忽然又低低啜泣。

「唉，親愛的，親愛的，……」

我想說什麼，卻說不出，眼淚簌簌流下來。

到了玄武湖，踏上我那艘白色小艇。我們雙雙划著白色木槳，叫船像一條銀魚似地滑過去。小艇溜走水上，好像溜冰。陽光明亮亮的照耀水面，水作透明色，熠熠發光，似玻璃板。水光有點藍，我們的船彷彿不是駛行湖面，是游泳藍天。我們四周，是一片又一片的色彩，藍色的金色的銀色的光彩。每一種光色都叫我們忘我，忘一切。

小艇終於在一叢蓮葉間停泊。我們放下槳，偎坐在白帆布椅上休息。直到此刻，我們始終不說一句話，只不時互看一眼。在每一看裏，我們總微微笑一笑，好像已說了千萬句話。

現在，我們全身靜止，禁不住又對望了。望著望著，我們笑了。

我輕輕擁她在懷裏，熱烈的吻她的大眼睛，鮮紅唇，和華麗臉頰。

「啊，親愛的，想不到有一天，我也能獲得你這樣美麗的眼睛，美麗的嘴唇，美麗的臉頰。想不到有一天，我的嘴唇可以在它們上面旅遊……啊，這眞是一種奇蹟！……」

她微微驕傲的望了我一眼，卻輕輕的嫵媚的笑著道：

「天知道，假使任一個男朋友看到我們今天情形，他會怎樣嫉妒你呢？有生以來，除了父母，從沒有人敢動我一根頭髮哪！」

剛一說完，她突然瘋狂的擁抱我，熱烈的吻了我許久，用最深情最纏綿的聲音道：

「啊，最愛的聖！我愛你！我愛你！我的美麗，總有一天要被人享受的。要不，它是多餘的。與其讓那些傻子糟蹋我，爲什麼不讓我最愛的人欣賞我？享受我？咀嚼我？啊，聖，最親的親！盡情享受我的青春吧！盡情享受我的一切吧！我也同樣需要你！我也需要享受你迷人的生命，你魔魅的青春。我早就渴望你了。啊，聖！我要你！我要你！我要你啊。」

說這些話時，她臉上的醉態眞叫我、眞叫我——

我只能把雨點式的吻投在她的唇上、眼上、臉上。她也同樣回報我。

不久，我們雙雙躺在船板上，瞭望秋季藍天。

我的嘴唇貼著她的白色耳螺，輕輕問：

「薇，當眞，過去從沒有人像我這樣吻過你嗎？」

她驕傲的笑著道：「在這個世界上，我的嘴唇只屬於兩個人：一個是我自己，一個是上帝！」

我故意惱怒的問：「怎麼，難道我不能做第三個人麼？」

她笑著打了我一下，溫柔的笑著道：「傻子，那還用問？你不就是我的上帝麼？」

「啊，說得太妙了！太妙了！……」

她咕咕笑著，把臉枕在我的肩上，我溫柔的撫摸它，低低道：

「最美的甘釀，總儲藏在深深地窖底。我們該開始學習儲藏了。」

她不開口，閉上眼睛，嘴邊卻浮出笑意。

突然，她睜開眼，抓住我的手，笑著道：

「啊，親愛的聖，從前有整整三年，你對我爲什麼那樣驕傲呢？我有什麼得罪你的地方嗎？」

「是的，你曾經得罪了我。」

「罪名呢？」

「你長得太美了。」

「美麗也是犯罪？」

「美麗能叫一個多情的男子犯罪。」

「但你並沒有犯罪。」

「爲了避免犯罪而得到你，我只有對你驕傲。」

「那麼，你以爲現在已經得到我了嗎？」

「有點像。」

她坐起來，笑著搖頭道：

「不像。一點不像。一點不像。」

我也坐起來。我取消了剛才的諾言。又一次我抱住她，一面吻，一面笑著道：

「是的。一點不像，一點不像。……」

湖面靜極了，只有我們的笑聲。我們似乎不是坐在船上，而是坐在夢裏。連天上飛鳥也在用羨慕的眼睛看我們。『惚』的一聲，一條鯉魚忽然跳出水面，窺視我們，它大約覺得，我們這隻船太甜太香了，也想分享一下。陽光在水面不斷織金，象徵我們的感情。天是藍的，水似藍的，我們的心也是藍的。我們有著天藍色的心，充滿了幻覺與幸福的心。

遠遠的，百靈鳥鳴叫著，鳴聲像碎銀子。

一隻隻白鴿子翩韆飛著，飛過來，飛過去，白色翅膀似白羽扇似地掠著。
藍天是靜靜的。
大地是靜靜的。
湖水是靜靜的。
愛情是靜靜的。……………………………

（註）「塔布」指非洲一種迷信的禁忌，任何人不能對它接觸。

第五章

玄武湖上這一天，是一座分水嶺，把我和黎薇的友誼截然分成兩半。這以前，它有點像捉迷藏，雙方都在互尋互捉互閃互避，這以後，矇住視覺的布沒有了，我們睜開眼睛，認清對方的眼耳口鼻，胸膛與四肢，以及整個形體所在。我們赤裸裸的坦露自己的靈魂與肉體，不再有一點一滴隱藏、顧忌。

這一天之前，我似乎從未眞活過，也從沒有眞嚐過什麼叫眞幸福，眞感情，眞友誼。比起這以後的任何一秒，我過去的整三十二年都是一團空虛，一個謊騙，一堆黑暗。從這天起，我才算有了眞光，眞亮，眞的實在。我眞寧願拿我三十二年生命來換這樣的一天，一小時，甚至一秒鐘。假如生命裏沒有「眞」，就是活一千年，一萬年，又有什麼意義？什麼結果？

我用我三十二歲的心來換黎薇二十六歲的心，「換」得一點不牽強，不做作，好像自有地球的第一天，就注定要有這一「換」。啊，天！「換」得多幸福啊！在每一吻裏，我們的心交換著；在每一抱裏，我們的心交換著；在每一笑、每一撫、每一觸裏，我們的心交換著。我佔有了她的靈，她佔有了我的靈，像野獸佔有洞窟，雲彩佔有天空，斑鳩佔有鵲巢。

沒有眞愛過的人，絕不會了解我們的深情，眞愛過而對生命缺少藝術感的人，更難品味我們的深情。我們的情有時很沉很沉，有時很靜很靜，有時像狂猘的瀑布，有時像安詳的溪流，有時像瘋狂的尼采，有時像寧靜的康德，有時在奔、在跳，在舞，有時在靜、在坐、在睡。沒有一個人類字眼眞能形容我們的情。沒有一種例證眞能顯示我們的情。沒有一個夢眞能象徵我們的情。只有我們自己能咀嚼它，玩味它，體驗它。

我的預測沒有錯，一個驕傲冷酷的少女不愛人則已，一旦眞愛了，一定是出奇的強猛，出奇的叫人抖顫。經過一段長期壓制，黎薇終於對我傾射出全部的情感。它果然是奇異的強，奇特的熱。在她的情感大流中，我嚐到比海岸軟沙還深廣的溫柔，比海水蔚藍更叫我驚訝的幸福。

唉，我怎樣說我的幸福才好呢？它是那樣不可說，說不出，說不好！

她學提琴，本來每週兩次，現在改隔日一次，除了夏季是清晨上課，其他三季，仍定十時至十一時。這樣，下課後，我們好玩一會，甚至共進午餐。這時，她所顧慮的，只是我的事業。我每天至少得費四小時在化驗室，三小時教琴，兩小時練琴，另外還有應酬，剩下來的時間也就有限了。不過，儘管繁忙，我仍設法多陪她。只要有她在身邊，我依舊感到清閒。她是我靈性生活的花園，有花園陪我，任何重擔子都不能叫我喘氣。她的一花一草，一色一香，全叫我爽心怡目，我再感不到工作的陰影。

一個平凡人愛歡樂總勝於悲哀，愛白天總勝於黑夜，愛春天總勝於冬天。我和黎薇都是平凡人，尋求歡樂與春天，天然是我們的本能。當幸福不在身邊時，我們或許懶得尋找。當它已在懷裏時，我們絕不會懶得怕留住它。現在，我們知道，我倆確已踏入幸福之門，而且登堂入室，直穿窔奧，我們自然願意沉湎忘返，不再想到其他。事實上，我們也不願想到其他。每一想到幸福以外的事，我們總覺是一種罪愆，彷彿天堂裏的人不該想念地獄。

不過，我們所謂眞幸福，與其說是唯物的，倒不如說是唯心的；與其說是科學的，倒不如說是玄學的。我們像未吃禁果以前的亞當夏娃，孩子式的，徜徉在伊甸園中。這片綠色空間的最大快樂，就是朝夕相處。能常廝守在一起，合多於離，這就是最大的幸福。

愛情眞是一根魔術杖，經它一點染，石頭會變成黃金，衰老會返回青春，醜陋會化爲綺麗。過去，玄武湖我也常去玩兒，哪有現在這樣騁懷？電影院我何嘗去得少？

哪有現在這樣甜蜜？跳舞廳幾乎是我唯一的狂歡場，但從前一百次狂舞的醒醉總和，抵不上此刻我和薇的一次的十分之一。這並不是薇的神通，而是魔杖的魔法。拿跳舞說，天知道，當探戈舞曲「鴿子」媌魅的演奏時，我和薇臉對臉，眼望眼，胸貼胸，手拉手，順著音樂節奏，悠悠迴旋，她芳香的呼吸吹拂我的頰，我敏感的手緊摟她的腰枝，我倆的魂魄似神殿旃檀香，一縷縷飄出軀殼，溶爲音樂，化作鴿子，翩舞於藍際。這一刻，只要她脈脈含情對我一笑，輕輕的嫵媚的對我一瞪，天，那銷魂！

我愛音樂，薇也愛。我愛文學，薇也愛。我愛泛舟，她也愛。我愛閑靜，她也愛。我們的許多愛好相同，彷彿前生早安排好。在相同的愛好之下，我們的幻想與趣味，自然就和諧一致。舉例說，有一次，我們商量如何度週末，不約而同的，全作下列設計——上午划船，中午野餐，下午看電影，黃昏聽音樂，翻畫報，晚飯後，上跳舞廳。

一天天的，我們的愛越來越深，一天天的，我們的情愈來愈溶。不到一年，我們就沉醉於忘形忘我的境界。講感情，一對理想的百年夫妻，也不過如此。不過，儘管我們的戀情熾烈，吻與抱不計其數，我卻始終沒有侵犯過她的貞潔。這方面，我一直保持道學成見。我認爲，未和女子正式結婚前，絕不該佔有她，特別是我所最愛的，即使她自己心甘情願，我也得再三考慮。女子常常感情用事，眞心愛上一個人時，恨不得連皮帶骨統通交給他。可是，一旦失去清白，事後，又可能悔恨。爲了不教她悔恨，我寧願苦惱自己，克制自己。這兒，我還得說明一點。我對薇的抱吻，並不全是官能的享受，更主要的，恐怕倒是靈的沉沒，靈的象徵。當我愛她愛得無法用言語或其他行動表現時，我只得假借我的手臂與紅唇。爲了伴奏靈的音樂，使它更和諧，我不得不透過形體，憑藉形體。只當我們身貼身，嘴貼嘴，形體打成一片時，我們的靈魂似乎才能更深刻的化爲一片。這一刻，我們的感受，寧是高度形而上的，很少是絕對形而下的。

也許，會有人挑剔我們的愛情過分著重形式主義，享樂主義。但我們既不想學甘地式的道學，也不想走克魯泡特金式的道路，我們更不是超人。我們只是凡人，是當時社會的產物。雖然這樣，我仍堅持個人的感情原則。

寫到這裏，我不禁想起一件事。

那是一個初夏下午，在樓上書齋裏，我們的衣服穿得單薄；她上身只著一件淺藍印度綢翻領襯衫，下繫一條印度綢猩紅長裙子；我只穿一件白府綢襯衫，一條白番布長褲。天氣不冷不熱，暖洋洋的，軟綿綿的，說不出的，怪叫人舒暢，令人發酥。當我們一度熱烈的擁抱與長吻後，情感都發酵到最高峯。她的心不停「咚咚」跳，我也一樣。一種奇妙的震顫，從我們的頭髮直傳到腳跟。我們都產生一種古怪的慾望，強烈的渴求。她面對面坐在我膝上，用手撫摸我的臂膀與胸膛，一壁撫摸，一壁讚美道：「

啊，親愛的聖，你的身體爲什麼這樣堅強呢？你渾身簡直是鋼鐵鑄造的！」我不開口，用手回答，撫摸她的天鵝絨似的胸膛，以及那兩朵又紅又白的大蓮花。撫摸著，她突然打了個寒噤，一片血潮衝上她的雙頰，她臉上閃射一派奇異的醉態。她以一種從未有過的熾烈眼光凝視我。望著望著，她忽然緊緊抱住我，給我一個可怕的長吻。她的兩臂像鋼條，嘴唇像樹膠，她從沒有給過我這樣猛烈的抱與吻。她一面抱吻，一面喘息，藤蔓似地纏住我，死也不肯放鬆，彷彿要從我身上搾取什麼。她雖不開口、不解釋，我從她的眼睛與動作中，已看清她內在的衝動、渴望。一剎那間，我也受了傳染，幾乎不顧一切，想放浪一下。但這只是閃電一剎那的事。這剎那一過去，我的理智立刻抬頭。我使勁掙脫她，把她摔在大沙發上，獨自跑到隔壁去彈披霞娜。

彈著巴哈的「聖母頌」。

彈著彈著，不知何時起，她已站在我身後。

我一轉頭，遇見她的虔誠目光，她的眸子充滿感激。

我給她一張椅子，遞了一本英國畫報給她，笑著道：

「我彈琴，你看雜誌。」

她接過畫報，痴痴站著，並不坐下。

我繼續彈琴，依舊是「聖母頌」，是意大利馬斯加尼的。

陡然間，聖徒似地，她跪在我旁邊，匍匐在我膝上，低低啜泣。

這天傍晚，我用道奇送她回去。我們兜了一些圈子，始終不說一句話，不作一點表示。半小時後，汽車終於開到她的門口，她下了車，已經快進門了，忽然又跑回來，把頭探入車箱，低低道：

「聖，把頭伸過來。」

我遵命。

她用小小紅唇貼住我的耳螺，以最輕最輕的聲音道：

「從今天起，我是徹底明白了：在這個廣大世界上，只有你眞正愛我，眞正眞正眞正愛我！」

從這天之後，我們的情感當眞更深了一層。這以後，她連最秘密的也不再瞞我了，她向我坦裸出心頭每一粒思想細胞。

有時她很天眞的告訴我：

「啊，聖，昨天夜裏，我Nervous 得很厲害，說不出的想你。」

「眞的嗎？」

「眞。」

「現在呢？」

「奇怪，現在見了你，倒沒有什麼了。」

我笑著道：

「在你這種年齡，這是自然現象，沒有什麼。你只要稍爲克制一下，就行。今天回去時，我給你一包藥片，萬一再有這類現象時，它可以叫你安靜。」

我又告訴她：一個人衝動最強時是早晨，這時，剛從夢中醒來，思想將醒未醒，眼睛似睜非睜，疲勞已整個恢復，渾身說不出的舒服，香甜，生理上自然有一種渴望。

我要她注意早晨。

我告訴她一些醫藥衛生方面的常識。

她聽完了，笑了。她說：

「你忘記你以前告訴我的話了。你不是說，一個女子對男子發生需求，只有兩種情形：一種是純生理的，由於無理的衝動；一種是純精神的，由於對他的強烈的愛。前一種是盲目的，難克制；後一種含有理智的成分，易對付。我的情形是後一種，當然不要緊。」

我笑著道：

「當然『不要緊』。不過，眞到『緊』時，那就不能『不要』了，對不對？」

她聽了，不禁大笑，伏到我肩膀上。

苦常是長的。樂常是短的。一天的苦往往比一萬年更長，一萬年的樂卻常像一點鐘，還不待你看清楚，就消失了。我和黎薇享樂感情，不知不覺，已經一年半了。（如果從晚會中第一次見面算起，我們已認識五年了。）這一年半似乎過得比兩秒還快。

我們的愛情，雖說已達最高峯，但對襯著峯頂的強烈亮光，山谷底那些模糊的陰影，同時也開始出現了，漸漸上升了，越來越顯明。這陰影就是現實。我們究竟是人，離不開地球。是人，離不開地球，就必須接受地心引力，地心現實。有時，閉上眸子，游泳於夢幻邊緣，我們自以爲擺脫了現實，甚至擊退了它。但只要一睜開眼，它就又緊緊抱住我們。一個人想推倒它，正像推不倒翁，才一撒手，它又站起來了。

我和黎薇之間的現實，就是我們的環境，以及我們愛情的可能結果。這環境與結果，過去，我也偶然朦朧想過，但並不認爲很重要，覺得爲時還早，所以常常偷懶，故意對自己裝聾作啞，不去理它。可是，這「不去理」的同義字只是「暫時」，不是「永久」。這「暫時」的同義字又只是「一年半載」，而不是「三年五載」。

這「現實」的分量，一天天沉重，終於逼得我不能不理了。

那是一個禮拜日上午，我們沒有出去划船，卻留在家裏。薇說，每次她來吃飯，全要忙李媽一陣。今天，應該放她一天假，讓這個中年婦人到娘家玩一日，由她自己擔任烹飪。她要親手做幾色菜請我吃，好叫我嚐嚐她的手藝。我於是吩咐李媽，小菜買回來，洗好切好後，逕自去探親，晚上再返舍收拾。薇當眞披上我的白色大夫外套，代替圍裙，在廚房裏跑來跑去的，忙這忙那。我在一旁「隨侍」，不斷聽她「將令」，搬這搬那，直忙得團團轉。我笑著對她說：「你這不是廚子，倒好像拿破崙帶領十萬大軍，打馬崙哥戰役，我有六隻手，也要給你累折了。」她笑著道：「一個好廚子正像好醫生，必須有好助手才行。你給全南京城著名的閨秀做助手，該引爲畢生榮幸哪！」我笑著道：「得，得，我不希罕這榮幸，比這更強一百倍的，你都早給我了！」她輕輕笑罵道：「鬼！別混說。小心炒壞了菜，我可不負責任。」我笑道：「好，菜還沒有做成，就先推卸責任。今天你那些作品、非糟不行！」我們一面笑，一面談，她的藝術創作，終於烹調完成。共計五菜一湯，一碗冬菇黃燜雞，一隻西湖醋魚，一個燈籠青椒炒牛肉絲，一盆蟹黃雞蛋（她知道這是我最欣賞的一樣菜），一盤金戈炒白菜，一缽火腿冬瓜湯。

她每樣夾一筷，塞到我嘴裏，先叫我嚐嚐：

「怎麼樣？夠不夠資格做主婦？」她笑著問。

我嚐完了，笑著道：「啊，太好了。我要模仿牧師傳教的口吻說，將來消受你的那位先生有福了。」

「你說是哪一位？」

「誰知道是哪一位?反正不是我!」

「你再說一遍?」

「我再說一遍:反正不是我!」

她突然賭氣,放下筷子,跑上樓,連「廚房裏的拿破崙」也不願當了。

我連忙追上去,抓住她。

「薇,薇,你爲什麼生我的氣?」

「是的,我生你的氣!生你很大的氣,你太可恨了!」

我笑著連連賠罪道:

「啊,算我錯了,算我錯了,我剛才那句話說錯了。我應該說:『反正是我!』對不對?是的,反正是我,反正是我,……」

我一口氣說了二十幾個「反正是我」,笑著問:

「親愛的可人,你滿意了吧?」我又做了個鬼臉。「剛才我是有意逗你的。瞧你這個拿破崙太神氣了!」

她「噗嗤」笑了,右手勾住我的脖子,給了我一個又甜又香的吻。

吻完了,她笑著道:「飯後我有話和你說。」

果然,才享受了一頓美妙的午餐,她就用嚴重的神色告訴我一件事:最近一個月內，向她正式求婚的有三個。父親徵求她的意見，她都拒絕了。（她第一次向我補充透露：過去兩年，對她求婚的，至少有兩打人，她全回絕了。）雙親感到詫異，問她，既然嫌這不好，嫌那不成，她理想中的人，究竟是誰？她說：讓她考慮一下，再答覆。

說完這番話，她用嚴肅的態度道：

「聖，我們認識時間不算短了，長久這樣下去，總不是事。你得告訴我，我們究竟該怎麼辦？你有沒有想過這樣的事？」

我沉思了一會，搖搖頭。

「那麼，你得趕快想想！我接受你的一切意見。」

「真要我考慮麼？爲什麼這樣急呢？我們永遠像現在這樣下去，不也很快活麼？」

她搖搖頭。

「你也該爲我的前途想想。」

我楞了一會，沉重的道：

「是的，我也該爲你的前途想想。」

接著，我告訴她，讓我好好考慮一天，翌日晚上，給她答覆。我必須把許多事仔細想想，才能決定一切。

夜。我熄滅樓上所有的燈，書齋內黑漆漆一片，黑得像是死的化身。我愛這片黑。它給我以迷醉。我把自己深深埋陷在大沙發內，好像埋葬於一大汪流沙。我聽任自己的情緒往下沉，沉，沉入一座無底深谷，墮入萬劫不復的死；生命對我已是一溜空白，只有死才能在我眼裏閃射出光輝。我愛黑暗，因爲它是死的一種形體，這形體對我有極大誘惑，挑逗。我眞想站起來，衝出去，衝入黑夜，衝進死亡中。我眞想找尋任何一個毀滅我的機會。

「生命有什麼意義呢？生命有什麼意義呢？生命有什麼意義呢？……」

黎薇所提出的問題，已給生命塗上一層暗淡色彩。他要我考慮她的話，我考慮了，結果我卻瀕於毀滅了，毀滅了所有原先的幻夢。我感到生命的殘酷。多少年來，這殘酷一直追隨我、壓迫我、折磨我，但我卻充耳不聞，視若無睹，儘可能用「痲痺」捆紮，緊緊綁縛，藏入最深最暗的角落，後者就是我的心。現在，黎薇所加給我的問題，卻像一雙強勁的手，把這捆紮得緊緊的東西拆開了。

好些年來，我盡可能尊敬女人，愛護她們，不侵佔她們，用美學而不用生物學觀點來看她們，以母親的風度，而不以男性的情緒來對待她們，這一切又一切，都因爲有一種內核殘酷在強迫我，逼我非如此不可。

好些年來，我提出「七分事業，三分女人」的口號，把自己大部分生命消磨於音樂與醫學，也正因爲有一種內在的殘酷強迫我，逼我非如此做不可。再說，在生活裏，我所以採取某種形式主義，和享樂色彩，也正由這種殘酷所造成。這也是我前面所提過的那個「內在根因」。

一年半來，儘管我和薇的愛情火樣的燃燒著，越燒越強、越深，儘管我們早該有一個具體結果，一個決定性的形式，但我卻故意裝聾作啞，不去理它，這也正因爲有一種內核殘酷在強迫我，逼我非如此做不可。

我希望這內在殘酷儘可能捆得緊緊的，藏得深深的，不被揭露。可是，黎薇現在加給我的問題，卻打碎一切「可能」，終於叫這「殘酷」露面，現出眞身。

這「殘酷」是：我早有妻室。

我原籍北平鄉間，家庭富裕。我從小愛好音樂。小學畢業後，爲了學提琴，我投奔上海至親，一面讀中學，一面跟一個白俄女提琴家習琴。那時，上海提琴界，是意大利名提琴家艾·福的天下。中國提琴師，凡有點成就的，幾乎絕大多數，都出自他的門下。那位白俄女音樂家，受盡了門可羅雀的閑氣，才拿出全副看家本領，專心致志培養我，甚至不收我一文學費，有意要幫我成名，好向那位意大利人報仇、出氣。後來，我考入南京G大學醫學院。每星期天，仍赴上海，從她學習，直至大功告成。這段期間，來回旅費，全是她津貼的。學成後，我在上海第一次舉行個人演奏會，獲得空前成功。閉幕時，她第一個衝上臺，流著眼淚，緊緊摟著我，連疊聲喊著：「孩子，謝謝你！謝謝你！……我們勝利了！」

不幸的是：當我還在醫學院唸二年級時，父母即按封建傳統，逼我回鄉和一個老世交、老鄉紳的女孩子結婚。她僅是一個初中畢業生，半新半舊的，和我談不上情感，更別說戀愛了。當時，我不忍拂兩老意思，在一種憐憫的情緒下，把自己一生幸福交給這陌生的生命。這時，我還有一點癡想，根據我的幻想，再加上我的情感，總可以把她改造成一個比較理想的女性。我試驗了，卻失敗了。我發覺：她對我毫無了解。她愛我：完全按照舊式傳統觀念來愛我，卻絲毫不了解我，也不想深入了解我。她是一個好人，然而，她的善良對我毫無用處。我所有花在她身上的精力，只證明我是在做一件傻事。我不可能和她發生感情，更不用說是愛情，正像天鵝不可能和斑鳩戀愛，白鶴不可能和烏鴉結婚。爲完成父母交給我的使命，奉行儒家倫理原則，「不孝有三，無後爲大」，我和她生了兩個男孩子；這以後，我不再和她在一起。我對老父堅決申明：我只能讓她寓居北平鄉間，這樣，我們或許還會勉強維持夫婦形式，否則，我連這形式也要撕碎。耳聞目睹我在南京的聲勢、名望、和成就，父親不得不接受我的請求，只要求我每年春節和端午節，回去看她兩次；這個要求，不用說，我是答應了。

眞相如此，我和薇的愛情有什麼前途呢？唯一的辦法，是和原配離婚。可是，在目前情形下，這一辦法極難實行。第一，女方家長不答應，她並沒有做一件錯事。當時北平鄉間，還存在一種很舊的思想：認爲自己女兒和丈夫離婚，是一件名譽掃地的事。第二，妻子本人不答應，勉強逼她這樣做，她只有自殺。第三。我的父母也不答應，他們始終認爲：她是一個賢慧的媳婦，而且已生了兩個男孩子，可以傳宗接代。第四，我自己也有點不忍心這樣做，因爲，這樣做，等於殺死她。對於一個無辜的女人，我怎忍心殺死她？

我既無法與妻離婚，和薇的結合就不可能。直到此刻，我所有的南京朋友，薇的父母，連薇本人在內，都不知道我是一個已婚者。假使我欺騙所有人，也欺騙薇，和她結合了，萬一他們和她都發現我的欺騙，我該怎麼辦？更何況在愛情場合，我最反對的就是欺騙。我告訴薇，她本人自不介意，會一直堅持對我的一貫態度，爲我犧牲一切。可是，下面三種暗礁，我不能不考慮！第一，假如黎薇雙親和他（她）們的親戚、朋友知道我是有妻之人，絕不會應允或贊同我的求婚。假如我要欺騙他們，不說明眞相，今後又何以做人？第二，假如我冒天下大不韙，竟和薇勉強結合了，社會觀感如何？我是否還想在社會上做事？做人？第三，我有什麼權利接受薇的犧牲？爲什麼我不能爲家庭、爲社會、爲傳統、爲薇的家人、爲薇的前途，來犧牲我自己？

考慮完了，我很痛苦。

我喃喃：

「我和她的愛是靈的、精神的、純情感的、沒有形式的，不需要任何酬報、結果，和前途，它本身就是酬報、結果、和前途。」

第二天，我把這種種考慮告訴薇，詳細委婉的向她解釋一切暗礁，我明白向她表示：我們不可能結合。我們只能開戀愛的花朵，不可能收獲果實。我們只能有愛情，不可能有愛情的結果。

這是一個初秋夜晚，我們同坐在二樓廊台上，頭上滿天繁星。疏疏落落的彩色傘燈光，從音樂室和書齋內閃射出來，照見我們的身形，以及庭園內的樹枝樹葉。夜很和平、溫柔，給人以貓的感覺。

薇聽完我的話，許久許久，沒有開口。終於，她默默站起來，踱到琴室內，拿了一具提琴，開始獨奏。她始終只是重複奏一支小曲子：「卡伐底那」。這時，她已學了兩年多琴，技巧雖不怎樣深，但對付一些小曲子，已能應付裕如，並且還能充分表現出強烈的抒情。平常，她在我面前拉琴，最愛奏一些輕鬆活潑愉快的曲子，像「卡伐底那」這種憂鬱悲愁的樂曲，她從未當我面奏過，今晚還是第一次。

一遍又一遍的，她重複奏著，憂鬱的琴聲充滿了廊台，洋溢於秋夜，彷彿是嗚咽的流水，啜泣的秋風，聽著聽著，我的心弦緊張起來，說不出的淒酸。

「薇，不要拉吧。」我輕輕道。

她放下琴，仰望天空，沉思了許久，輕輕喃喃自語道：

「奇怪，今夜，天氣怎麼這樣冷？」

「冷？要不要披件衣服？我去給你拿。」我站起來。

她搖搖頭，沉思了一會，低低道：

「沒有一種衣服能改變這種冷。」

就著燈光，我瞧瞧她的美麗臉蛋，它非常蒼白。我禁不住驚訝，右手搭住她的肩膀，帶點不安的說：

「薇，今夜你似乎有一點奇異的感情。」

「是的，我有。」她點點頭。「你應該不會感到驚訝。」

「嗯，『應該不會。』」我右手溫柔的摟住她的腰枝。「薇，原諒我，沒有早告訴你。」

「我原諒你。」她的大眼睛仍望著天上星星。「每個人都有他特殊的困難，他不應該讓這種困難影響他的生活樂趣。產生這困難，他已夠痛苦了，怎麼還能要求他向每一個人開『傷口展覽會』？」

我發現：僅僅一個晚上，她整個人似乎發生不少變化。一些新的事物和因素、闖入她的靈魂花園，它本來是純粹、和平、明媚的。這些闖入者，雖然尚未明顯撼動園內花樹的生命，沖淡它們的光色香，但一些黑色陰影，卻不可免的影響園內的和平、明媚。她彷彿開始明白；在她和我共同創造的世界之外，另外確實還有一個世界。正是這種了悟的曙光，才叫她此刻的神色、言語，顯示與平時不同的風格。

我有點害怕這種風格，至少，暫時還不能習慣它。

我必須做點什麼，正像海員發覺船舶已經漏水，必須做點什麼。

我沉默了一會，終於把她拉得貼緊我，又一次並坐下來。我極誠懇的安慰她。

「薇，你別難過。我剛才所考慮的，只是目前的困難。這種困難，將來也許不會有。也許有一天，我們終於能結合亦未可知，這一天不過遠一點罷了。」

她怔了怔，苦笑道：

「我們也有能結合的一天麼？」

「當然有，只要我們能等待。」我堅決的說。

我向她解釋，我們必須先轉移社會觀感，使外界一天天多了解我們。等我們的情形被大家——特別是她的家庭諒解後，再行結合，就比較容易了。總之，我們必須等待那一天，在一般人眼裏，我們的結合顯得很自然、很平安、不牽強、不悖理了，這樣，婚後的我們，才能和婚前一樣幸福，不致招他人反感。假如社會不諒解我，我們竟勉強結合了，不僅我們的事業受妨害，精神也會感到無窮痛苦。

「你能等待這一天麼？」

她楞了一下，終於睜大那雙充滿憂鬱的眸子，定定凝視我。接著，她用深沉的聲音，一個字一個字的道：

「我能等待到死，——只要你容許等待。」

爲了安慰薇，我雖然給了她希望，但要兌現，畢竟不是易事。希望我們的家庭、朋友、社會環境澈底諒解我們，那是一個很長時期的等待，也是一個困難的等待。在長期等待中，我們暫時只有不想將來，一天天且打發「現在」再說。因此，這以後，我們再不提將來事，只沉浸在現實快樂裏。有時，當快樂暫告結束後，我們偶然想起茫茫前途，不免感到黯淡的幻滅。

有一次，我們同遊燕子磯。那正是冬季，上午大雪之後，到處籠罩銀色的雪光。我們雙雙峭立磯頭，眺望浩浩蕩蕩的長江，以及兩岸皚皚的雪景。在這片茫茫無際的白色空間，我們似是僅有的生命。她牽了牽我的袖子，重重的嘆了口氣道：

「要脫離黑暗現實，達到永恆幸福，我們只有兩條路。」

「哪兩條？」

「一條路在這下面。（她指了指十幾丈岩壁下面的江水）。只要我們手挽手，再向前走三步，就可以獲得永恆幸福了。另一條路在那邊。（她指了指江盡頭處的遠方）。只要我們能遠走高飛，遠遠遠遠的，逃到一個完全陌生的地方，那裏就會有我們的幸福。——你說是不是？」

我不回答。

我覺得無法回答。我也不敢回答。

⋯⋯⋯⋯⋯⋯⋯⋯⋯⋯⋯⋯⋯⋯

我永忘不了玄武湖那個風雨之夜。

那是夏季一個禮拜日，我們划了一下午船，感到很盡興，很愉快。這天氣候特別悶熱，我們划了一陣子，就躲到柳樹叢蔭或橋下乘涼，喝可口可樂，剝水蜜桃，吃西瓜。

黃昏時分，天色突然轉陰，大片大片的雨雲，竟湧現天穹，兇閃閃的，黑森森的，像一隻隻要衝出森林的野獸。冷風一陣陣吹過來，岸上楊柳渾身直抖，千千萬萬綠色枝條飛著，舞著，似在打鞦韆，又像希臘女神競走，亂飄長髮。蓮葉嘍嘍價響。蓮花婆娑款擺。湖水擺動著無數小波浪，忽上忽下，此起彼落，如切如磋，如琢如磨。狂風起處，水上遊船越來越少。遊客怕下雨，紛紛上了岸，湖面分外現得空寂，幾乎只剩下我們一艘孤艇。我們慢慢划著槳，悠悠前進，無視風、雲、波、浪。我們的船，像一隻煢獨的駱駝，形單影隻，彳亍在湖水的沙漠上。我們重視這種孤獨，也熱愛這種彳亍。我們眞願水面沒有第三人，好讓我們自自在在，佔有這整個的湖水，和附近的鍾山景色，以及那古意的臺城。夜來了，風愈刮愈狂，水越來越險。風雪變幻中，終於落了雨。它先是小小落，一絲一絲的，一點一點的，一滴一滴的；落了一會，便獰猛起來，大條大條的，往下横掃，斜刷。我們連忙把船划到密札札的蓮葉叢中，躲在幾十片大蓮葉下，像孩子藏入母親懷裏。感謝我平日的英國紳士習慣，天時不正時，出門常帶雨衣，這一會，它是我們的彌賽亞。我把金黃雨衣大半披在她身上，小半罩著我脊背。她撐開彩色綢傘，我又戴起闊邊大草帽，且拉一些綠色蓮葉遮蓋身子，這樣，好歹總算擋了些雨。我們身前身後，是無邊無際的昏暗。起先，還有模糊的天光，勉強供我們分辨出人的外形，船的形體，蓮葉與蓮花的形像，以後，連這點朦朧的光也沒有了，黑暗絕對擁抱了一切。我們的頭上、傘上，只有一些高高的碩大蓮葉，它們也是一些圓傘，正好遮住一部分雨。我索性採摘幾片巨大蓮葉，再一層層密密的覆罩我們的身體，權當雙重雨衣。我低探著身子，她緊緊貼在我懷裏，坐在艙內，一動也不動，像兩隻小貓小狗。雨腳在荷葉上響，像千萬隻雁落平沙，又似數不清的仙女在枯葉叢中舞蹈。雨響著，響著，響在頭上，響在四周，響在心裏。我們的心被雨弄熱了，弄醒了，我們不再感到雨是身外物，它就是我們自己的心靈結晶，是我們的情感，我們的呼喊，我們的衝動。

雨聲狂烈，湖面最騷囂時，我有點潮濕冰涼的臉孔，偎貼她微濕冰涼的龐兒。

我溫柔的問：

「怕嗎？」

「不。」

「爲什麼？」

「我很舒服。」

「爲什麼？」

「因爲在你的懷裏。」

停了停。

我又問：

「我眞能叫你舒服嗎？」

「是。」

「爲什麼？」

「因爲你的心很熱。」

「你怎麼知道？」

「因爲你的心現在跳得很快。」

「跳得快就叫你舒服嗎？」

「這證明你非常之愛我。」

「眞的嗎？」

「眞。」

「千眞萬眞？」

「千眞萬眞？」

「那麼，你怎麼酬謝我呢？」

她不開口，把臉緊緊貼住我的心口，貼得很緊很緊。

我一動也不動，讓她緊貼著。貼了好一會，我才輕輕道：

「這是酬謝嗎？」

「是。」

「怎麼講？」

「因爲我正用我的靈魂來擁抱你的心。」

「怎麼講？」

「我的靈魂就是我的臉。」

「爲什麼？」

「靈魂是一個人最美的部分。」

「對。」

「我的臉是我最美的部分。」

「對。」

「所以我用我的臉代表我的靈魂。」

「說得好。但我還有點遺憾。」

「爲什麼？」

「因爲你可以不用靈魂擁抱我的心。」

「爲什麼？」

「因爲你還有比靈魂更好的。」

「嗯？」

「嗯？」

她楞了幾秒，豁然頓悟。

她抬起頭，伸直身子，用她的心緊貼住我的。

我不開口，胸膛向前挺了挺，也緊緊貼住她，用鮮紅的心回答。

雨聲伴奏著我們心之音樂。

…………………………………

虧得猛雨很短，船內只積了點水。要不，我倆不僅多少會變成落湯雞，小艇也要受到一些威脅，眞是有驚無險。

不知何時起，雨住了。其實它只落了十幾分鐘。謝謝那一大堆「擋雨器」，我們身上大部分還算乾燥。船上卻到處是水，艙內尤多，好在天熱，不要緊，我們早已脫了鞋襪，赤著腳。這時，風也輕了，湖上的潮濕空氣說不出的溫柔。湖面波浪平息後，水靜極了。我們四周沒有一點聲響，只不時有一串串水滴，從蓮葉平面墜入水中，敲起玲瓏的音籟，清晰而圓潤，使水面分外顯得謐寂。在幽靜中，我們體味到夜的美，黑暗的美。我們彷彿不是在水上，是在水底，我們眞不願說，不願想、動，只願沉沒於梵寂，像魚沉入海底，不斷往下沉，沉，沉，沉，……

不知沉了多久，我揭開我們身上的一些蓮葉，從懷內取出一盒火柴，劃了一根，一小朵紅花立刻開放於黑暗。我擎起小火燄，照了照她的臉，笑著道：

「我要看看你的臉。我很久沒有看見你的臉了。」

她脈脈含情，望著我：

「沒有光，你也應該能看見我的臉。」

「是的，沒有光，我也應該。」

火滅了。

黑暗又是上帝。

我當眞看見她的臉，明亮的臉。

不久，我劃著第二根火柴。

接著是第三根，第四根，……

「用蠟燭吧。我帶來了。」

她打開棕色牛皮旅行包，從裏面取出一支白色蠟燭，燃亮了，吐放光明。我看見綠色的蓮葉，紅色的白色的蓮花，以及暗色的水。

她把白燭放在船板上，回過頭，對我溫柔的道：

「愛的聖，你知道，今晚我爲什麼歡喜在湖上玩？剛才下那麼大雨，也不想走？」

「爲了欣賞我們的雨中情調，是不是？」

「不。」她搖搖頭。

「那爲什麼呢？」

她沉思了一會，輕輕道：

「爲了在這樣一片背景下，給你看一樣東西。」

「什麼東西？」

她不直接答，卻伸開右臂，對我道：

「把袖子捲上去。」

我照辦。

她穿的是綠色府綢西式襯衫，我一捲，就捲上肩。

「看吧，這是什麼？」

她把白玉臂膀湊到我眼前，我擎著蠟燭照過去，對它望了一眼，在她的上臂，快靠盡頭處，我發現一塊很大的白色橡皮膏。我連忙問：

「怎麼，你的膀子擦破了麼？」

她點點頭。

我不免半埋怨半關懷的道：

「膀子弄破了，你怎麼貼橡皮膏？這樣，將來揭的時候，非常痛哪！你應該先塗紅藥水或碘液，再敷一層凡士林，外面再紮紗布藥棉繃帶才是。」

她搖搖頭：「我什麼也不知道哪！」

過了一會，她又道：「給我把橡皮膏揭掉。」

「這不痛嗎?」

「你別管了,我要給你看點東西。」

她的神色很是堅決。爲一股好奇心所挑動,我只得照辦。我要她拿蠟燭照著,把她的粉白臂膀放在我膝上,兩隻手輕輕揭那層橡皮膏,動作輕極了。一面慢慢揭,一面問她痛不痛。她搖頭。我知道她是謊我,她的臉色正在做一種掙扎,牙關咬得很緊。我忽然放下手道:

「你騙我!你一定很痛。我不揭了。不管有什麼好東西,我也不看了。」

她堅決的搖搖頭:

「不,你得揭開,否則,我會生你氣的。即使我有點痛,這也是有代價的。過一會你就明白了。」

她的態度是那樣固執,好像連刀子擱在頸上,也不會叫她變。我沒有辦法,只好咬牙繼續揭。

我終於揭開了。

她始終強作鎭靜,連哼也不哼一聲。

「舉起蠟燭來,看這是什麼。」

她把雪藕似的手臂抬到我眼前。

燭光下，在剛才貼橡皮膏的地方，我瞧見一大片藍墨水的痕跡。起初，我看不清是什麼，仔細望了幾眼，才發覺上面有幾個刺青的英文字。燭光有點晃動，我認不清是什麼字，把蠟燭移近了，幾乎貼著她的雪白上臂，且設法不讓它搖晃，再定定辨識一會，我才看明白，它們是R．S．T．——我的名字縮寫。她用刀子在皮肉上刻了這三個字，又用藍墨水澆在上面，這才明晰的浮顯出來。

我望著，發了傻。

我聽見她的聲音：

「我早就想把你的名字刻在身上，只是不知道怎樣刻。聽人說，刺青是用針，我想，針太細，要刻許久，便爽性用小刀尖，這樣痛快多了。刻完了，沒有上止痛粉，就把藍墨水染上去，痛極了，流了不少血，我這才貼橡皮膏。」

我怔怔的凝視著那三個字，說不出的心痛，卻許久說不出話，終於嘆了口氣道：

「爲什麼一定要這樣做呢？」

她睜大眼睛，深深的望了我一會，用極堅定的聲音道：

「爲什麼這樣做？爲了告訴你：只要我的軀殼活一天，你的名字就永遠活在我的血肉裏。除非我的血乾了，肉毀了，今生你的名字與我的生命再分不開了。」

她的臉色是如此強烈、野悍，直似一條女獸。

聽完了，我低下頭，一滴大眼淚出現在我眼角上，接著是第二顆、第三顆，……

我終於哭了，伏在她香肩上。

她也哭了。

第六章

在生活裡，總有一些可怖的東西，令人不安的潛伏著。十七八歲時，你可以揮舞唐·吉訶德長矛，攻打一切你認爲可厭的。你心目中，幾乎不識「可佈」爲何物。哪怕最「可怖」的——死亡，有時對你輕如毛羽。一生中，對世界、對社會，甚至對全宇宙，這是你最愛負責的時刻，實際上，卻往往不眞負責。這樣一種年齡，我早過去了，我已達到開始不想對世界負責的年齡，其實，有時我倒眞想負點責。

可我發現，那些「可怖」的東西，卻越來越多。國家、社會、法律、倫理，全帶點可怖性質。而眼前最可怖的，卻是黎薇的年齡，我的年齡。彷彿做噩夢似地，我忽然認眞發現，她現在已二十九歲，我是三十五歲。

神仙說：「山中無歲月」，我要說，愛情無歲月。上述噩夢感覺，正是這種愛情心理學的必然結晶。

一個少女二十八歲時，還可以混充「二十幾歲」，一到二十九，卻接近等於「三十」的同義字。像薇這樣一個姑娘，爲什麼三十不嫁？而先後向她求婚的又那麼多？這「？」是巨大壓力，無論在家庭內，社交圈內，或社會上。她儘可憑仗自己是獨女，獲得雙親特別寵愛，可以找各式理由，解除這種壓力，並且也收穫相當效果，但對社會物議，特別是親友們的好奇想法，她能捧出什麼樣的堂皇理由，像大彌撒中捧出輝煌的聖器，來爲自己辯護？除非她扮隱士，毫不與社會（包括親友）接觸，否則，那個「？」會由一個變成多個，像可惡的黃蜂群，不斷辛辣的纏繞她，向她圍攻。

當然，我的年齡，也會同樣製造出那些「？」，但我的家庭和薇的迥異，我所受的社會壓力，也比她輕一些。我是一個有骨架的男人，儘可無視輿論的後果，大不了，落得一頂「古怪老處男」的帽子罷了。

可是，這個「古怪老處男」和一個「古怪老處女」的過從形跡，一旦被人發現，事情就不簡單了。直到此時，謝謝薇的特殊機警、智慧，且和我緊密配合，她的兩老竟未發覺我們有可疑處。他們實心實意，只把我們看作師生關係，僅較通常情形更親密點罷了。然而，時間到底長了，我們雙方朋友，難免不發現蛛絲馬跡，從而對這種師生友誼畫上「？」。雖然我們還未聽到什麼，但流言蜚語正像定時地雷，萬一炸藥埋好，到時候，轟然一聲，終會席捲一切。就目前情形論，自始至終，我們還不得不保密，這個，理由很多。千言萬語一句話，保密比不保密，對我們更有利。但保密也有它的時限。

所有這些，全屬於上述那種「可怖」的因素。我們究竟不是伊甸園的亞當夏娃，面前開展的是無限時間。就是他倆，眞嚐禁果後，上帝還大加懲罰呢！

一句話，只要一天還活在人間，包圍純粹愛情幸福四周的，就絕不是無限時間。一天天的，我敏感到這個限點，薇也一樣。

怎麼辦？

前進，目前還看不出路。在燕子磯頭，薇指出的那兩條路，並不現實。後退，情感上不大可能。等待，時間又相當遙遠。延宕，限期也有限，除非冒玉石俱焚的風險！

密雲不雨總是沉悶的，叫人難受。我和薇的愛情，有時正是這種氣象。我們越是相愛，我們越想得到更多的愛。我們愈是幸福，我們愈想捕捉更多的幸福。這更多的愛與幸福，只有結合才能給我們。只有把「肉」加進去，「靈」才能放射更大的光芒。肉是油彩氛圍，沒有它，靈的線條在畫面不生動、不強烈。然而，一提到肉，種種現實問題就包圍我、阻撓我。最妨害我的，就是上面提到的那些可怖因素。因爲，肉不是獨立的，它意味著婚姻與共同生活。要完成這個，必須先解除那些「可怖」的武裝，目前，我們還無力做到。這樣，在靈與肉的衝突中，我們自然會感到密雲不雨，無比沉悶。爲了打開這個僵局，我常想找一條新路。

自然，這種沉悶是帶間歇性的。經過一度沉悶後，精神上往往感覺一種新的愉快。愉快了一個時期以後，又會感到新的沉悶。

正是陷入這種沉悶時期，一個下午，G大學醫學院陳院長來找我。他是我過去的老師，無論在求學時，或畢業後，或入社會時，他全幫過我。他平素很器重我，也願扶掖我，我們的感情非常好。

寒暄以後，他正式和我商量一件事，說有一位姓方的朋友想結識黎薇，打算託我介紹。

據陳院長告訴我：方某留學法國，曾學陸軍，現在是南京某軍事機關的上校。他父親是前清翰林，也是陳家世交，民國以後，曾任參議院議員，現任南京C銀行常務董事。方的兩位哥哥，一個在上海創辦了一家大企業公司，一個任T省某銀行總經理。

據陳院長說：方某現年三十二歲，爲人老成，是一個不可多得的人才。

「他久想認識黎小姐，卻沒有適當人介紹。他知道她是你的學生，和你相當熟，這才央請他父親轉託我找你介紹。你能不能幫點忙？君子成人之美。你平素最歡喜成全別人，肯替他人出力，這一回，非得找你幫忙不可。」

聽了他的話，我倒抽一口冷氣，但仍保持平靜面色。我冷靜的道：

「可以。只要是你的朋友，也就是我的朋友，我能幫忙，總會盡力的。」

陳院長走後，我一晚上沒能好好睡。我似乎預感到什麼不幸。我非常害怕，這不幸的主要創造者，可能將是我自己。

我深知自己弱點，只要對別人眞正有益，不管是怎樣重大的犧牲，有時候，我都可能擔負。對朋友尙如此，對黎薇更不用說了。假如這姓方的眞比我好，我會無條件的犧牲自己，把黎薇托付給他。

這時，我的心理很矛盾，一方面頗想表現英雄式的巨大犧牲，一方面又感到莫大痛苦；一方面急於想打破我和薇的目前僵局，一方面又克制不了感情。

第四天，我見到方某。陳院長請我們吃便飯，介紹雙方見面。

大體說來，方是一個過得去的人物。他身材比我魁梧，相貌還算端正，風度也大致優雅，言談舉止，都算相當不錯。第一面，他就給了我一個尙好的印象。

無論就家世、門第、財產、資格、地位、政治前途、相貌風度，這個人，一半比我強，一半也和我打成平手，或接近平手。我必須愼重考慮，爲了薇的幸福。

天知道，考慮，考慮！這是什麼樣的考慮！

考慮把自己最心愛的玫瑰園拱手讓給別人？考慮日夜永遠戴墨鏡，從此再不沉醉於月光下的繾綣風景？考慮永恆關上窗子，拉上簾帷，把自己最崇拜的太陽光，一輩子拒絕於戶外？考慮說服一個母親，要她把唯一的嬰兒送給別人？超於一切的是：考慮要我自己殺死六年來的愛情？考慮叫黎薇殺死她六年來的幸福夢幻？

仔細想想，這簡直是荒謬！

但再仔細想想，這荒謬卻又多少含蘊一點深刻的眞理。眞理是：目前我和薇不大可能結合，那個可怖的「限點」也日益臨近了。我絕不考慮自己前途，但我應該考慮薇的出路。不管它對我怎樣可怕，卻比前一種「可怖」更合乎社會規律，人間傳統，而這二者卻是我們生存的基礎。

離開陳的晚宴，我並不回家，逕自赴玄武湖划船。我把小艇蕩到遠遠柳蔭下，碇泊了，獨自躺在船板上，沉思著，考慮許多事情。

返舍已十點半，李媽告訴我，黎薇等我到九時，見我仍未歸，說明天下午三點再來。

次日下午，我又去玄武湖獨自泛舟。

小艇駛入湖心，我躺在船上，任它隨風飄走。我視覺裡投映的，似乎不是藍天綠水，鍾山與臺城，楊柳與綠草，而是一大堆的「？」。這一年半來，許許多多「？」，像人體內的腫瘤，此刻全躺在手術台上，乘這次「考慮」，等待我開刀，施行截除手術。

然而，多殘酷的一次手術！說說容易，眞正拿起刀子來，卻是另一回事。

首先，我能控制自己的情感麼？我自己受得了麼？這個，我想，只有咬緊牙關忍痛了。其次，我眞能說服薇麼？這個，實在無效，那就作罷。再說，她不會恨我麼？這個，她應該能諒解我，如果她眞正能從心底明瞭我的動機。

儘管道理簡單，頭緒卻千絲萬縷。因爲，這差不多是一種奇蹟，一個人竟異想天開，爲自己深愛的姑娘做紅娘。單單這種想法，就夠叫我自己活受千刀萬剮了。今後，若按這條蹊徑走下去，等待我的，將是無數刀山，火燄山，可絕不是蓮馨花或玫瑰。我的牙根，非緊咬得出血不可。

思索到這裡，我不禁有點後悔了，大前天陳院長找我時，第一面，我就該婉轉拒絕，或推卸得一乾二淨。我儘可藉各種理由這樣做。不過，當時，我的口風其實是活絡的，話並未說死，想不到陳的來勢如此峻急，昨天就宴請我，並介紹方。看來，這是方急欲躍躍一試，不是陳急。席上，我沒有婉謝，或托故拖延，或模糊兩可，卻一口答應幫忙，這眞是不智。至少，我該先和薇商量一下。我這種作風，雖說純爲她未來設想，但她知道了，究竟是什麼個想法呢？

懊悔也沒用，事已如此，我只得本著良心，憑著一片赤忱，純從薇的角度，純爲她的利害，把此事和盤托出。

自我犧牲是可怕的。但如想快刀斬亂麻，迅速把我倆從眼前無望的困境自拔，這一可怕措施，倒是一著妙棋。凡新鮮妙境總帶著一種強大誘惑力，更何況它本身能暫演萬應靈丹的角色？

特別叫我想下這樣大決心的是：這一段時間，我特別苦悶。爲了我們前途，有時深夜不寐，絞盡腦汁，也想不出一條可行的通道。陳和方的突然出現，似乎給我們帶來一線新的生機。

我在一爿小酒店喝了不少酒，有點醉醺醺的，這才開車回家。

我聽見樓上提琴聲。薇正拉著「卡伐底那」。她已在琴室等待許久了。

她一見我上樓，而且有點醉意，立刻放下琴，跑過來，抱著我問：

「聖，這兩天，你到哪兒去了？昨天今天，我來了兩次，全沒有看見你。你也不留一張字條。我急壞了，怕你出了什麼事。如果你再不回來，今晚我準備等到十二點。我什麼也不管了。……你怎麼這樣晚才回來？」

我怔了一會，終於帶點微醉，對她苦笑道：

「這兩天，我辦了一件很重要的事。」

「什麼重要的事？」

「是一件與你有關的事。」

「與我有關的事？」

「不但與你有關，並且是關係你一生幸福的事。」我用極鄭重的語調，一個字一個字慢慢說。

她的臉色充滿驚訝，急忙問道：

「那麼，這件事究竟有沒有成功希望呢？」

我的臉色仍很莊重：

「這件事或許有可能成功了。」

她噗噗笑起來，緊緊抱著我，給了我一個熱烈的吻，接著，笑罵我道：

「傻子，關係我一生幸福的事，不也就是關係你一生幸福的事？這樣的事，既然有成功可能，你應該高興，你的臉色爲什麼這樣嚴重？你的唇邊爲什麼帶酒氣？」

天！她竟想到另一方面去了！

我把她輕輕拉到室外廊臺上。我們坐定了。我抓住她的一隻手，凝重的道：

「這件事並不如你所想的那麼簡單。我現在爽快對你說明吧！」

我源源本本，把陳院長找我的經過，以及和方吃飯的情形告訴她。我又對她詳細解釋：我和她的前途既很渺茫黯淡，長此拖下去，只有痛苦。方似乎早就傾心於她，想結識她，意圖是很明顯的。論方的家世、門第、經濟、資格、才能、風度、言談、相貌、體型，全有相當水平。作爲未來配偶說，有可能會使她滿意。拿我倆現局說，黑暗遠多於光明，一時難有出路，她年齡也不小了，已經把全部青春奉獻給我了。假如再爲我長此犧牲下去，我良心上也說不過去。如果我眞正的絕對愛她，應該多爲她未來幸福設想，少爲我個人痛苦著想。我倆這種不正常的情形，已經延續三年了。再賡續下去，有可能發生意外不幸，那樣，我倆即使不被毀滅，也會遭遇並不低於目前分手的同等痛苦。我絕不希望，我最愛的人，蒙受因我的私心而產生的任何苦痛。經我兩天來反覆考慮，我終於作出痛苦的決定：爲了她的前途，爲了她的父母、親友，爲了我的家庭和朋友，爲了社會環境，爲了未來極可能出現的物議，爲了我的做人，我希望她考慮暫接受方的友誼。

我又說了許多許多。

千言萬語只有一句話，希望她認眞考慮我的意見。

她聽我說完了，突然撒開我的手，跑到音樂室裡。

我走過去。

她連連搖手，喘息著道：

「不，不，你站遠點，不要來。……我現在必須靜一靜。……你讓我一個人留在這裡。」

她的神色是那樣凝重，不由得我不聽。

我回到廊臺上，斜倚著卍字欄杆，凝視幽暗的庭園。我覺得，自己的身子似乎在沉，沉，沉到很深很深的黑暗裡。

許久以後，我返回音樂室。

黎薇從豆紫色長沙發上站起來，面色蒼白，似乎突然像生病，很疲倦。她只低低低低對我說了兩句話，聲音軟弱無力。

「也好，你把他介紹給我吧。」

說完了，她頭也不回的走了。我想表示關心她的健康，她也拒絕了。

社會習俗和規律是一條兩足鋼軌，人類這輛火車，必須沿軌道駛過去。三天後，我當眞把方介紹給薇。不管心頭是什麼滋味，我不得不服從鋼軌的路線。

我請薇、她的父母，以及陳、方，在一起吃飯。席間，我正式把方介紹給他們，但薇對他很冷淡。

另一天，方又約黎薇一家人吃飯，邀陳和我作陪，這樣，他和他們更熟了些。

我找了個機會，和黎薇父母長談，正式把方推薦給他們，說他們曾經託我留意黎薇婚事，我物色了許久，始終沒有適當人選，終於認識方。在我所遇見的人當中，方算是一個夠水準的人。我把他的家世、門第、經濟、資格、地位等等，都適如其分的宣揚一遍。我的結論是：方雖不是一個理想對象，卻是一個大體合適的人選，我衷心希望他們能鄭重考慮。

黎薇父母對於方，印象本不惡。經我這一次長談，他們的意思似乎更決定了。他們對於我的鑑別力，是相當信任的。

幾天後，他們正式邀陳、方在家中吃飯，由我作陪。然而，薇對於方的態度，仍很冷淡。

爲了拉攏薇和方，第二天，我約他們和一位中法混血的程小姐遊中山陵。程是我過去的學生。我故意和那位混血小姐騎馬，讓方與薇乘汽車。我和程在路上有意繞許多圈子，很遲很遲，才達中山陵。到了以後，並不立刻去找他們，卻在附近暢遊一陣，直到天色漸黃昏，估量他們玩得已盡興了，我才單獨去尋找，囑咐程先歸去。找了一會，我才在一座松樹林內看見他們。

黎薇一見我經過，立刻跑出來，連疊大聲喊：

「羅！羅！羅！等等我！等等我！我們一道回去！」

我站定了。

她跑到我身邊，說不出的愉快，好像一隻被狼追逐的小羊，突然遇救似地。

我看出來，方大約已糾纏她許久，她始終脫不開身。直到我過來，她才能自由。

爲了不叫方難堪，我裝作若無其事的道：

「爲什麼這樣急著回去？再玩一會吧！來一次中山陵，也怪不容易。」

我的話尙未說完，薇已睜大眼睛瞪著我，又專制又急匆匆的道：

「不，我要回去了！我要回去了！」接著用命令口吻：「你送我回去！」

她轉過身子，高傲的向方點點頭：

「再見！」

不由我分說，她拖著我走了。

我把馬交給馬夫，和薇徒步走了一段路，不久，就叫了一輛野雞小汽車回來。

在車中，我笑著問她：

「今天玩得怎麼樣？方很不錯吧！」

她聽了我的話，拿起我的右手，把我的食指放在嘴裡，狠狠咬了一口，咬得我痛的幾乎跳起來——但我終於忍住了，讓她咬。

「我恨你！我恨你！我恨你！我恨你！我眞想咬下你一塊肉哪！」

她鬆了我的手。

我緊緊抱住她，溫柔的問：

「爲什麼？」

「爲什麼？問你自己吧！」她賭氣說。

我想了一想：

「你是不是指方？」

「除了他還有誰！」

「他怎麼樣？今天和你談了些什麼？」

她鄙夷的撇了撇嘴道。

「哼，這個人可笑極了。」

她告訴我，表面上，這個人看來還算端正、溫和，骨子裡卻相當粗鄙。一路上，他盡說些莫名其妙的話。比如，他一直自衒，過去在法國留學的經歷，彷彿巴黎是人間天堂，他是在天堂裡生活過的人，回來後，處處要高人一等。他甚至誇耀自己的膂力相當大，彷彿他是一個中古騎士，路見不平，就能拔刀相助。他說雙臂能推舉一百五十磅，一拳能打倒多少人。他居然幼稚的說：她如果信託他，將來就永遠不會再有人敢欺負她，等等等等。

進樹林時，他的臉頰偶然被一根樹枝刮了一下，他便說俏皮話：小姐的手指即使再厲害些，也不會超過樹枝的一刮，他絕不怕。

他還說了不少話，多半不大得體。作爲初交，無論在禮貌、現實性上，似乎都不該說這樣的話。

聽完她的陳述，我不禁吃了一大驚：

「怎麼，方竟是這樣的人麼？」

「不是這樣的人，難道還是別樣的人？」

「他和我在一起，談話態度，倒很懂規矩，頗有禮貌。」

「哼，『規矩』！『禮貌』！那是他的手法。……這都是你的功德，這都是你爲我的幸福設想。……」

我搖了搖頭，嘆息道：

「我絕沒有想到他是這樣的人。……這完全是我的疏忽。」

黎薇不開口，彷彿在沉思什麼。

我怔怔想著，越想越覺得可笑。我終於道：

「那麼，這件事算過去了，從今不再提，好不好？」

她抬起頭，用一種兇狠的眼光掃射我，冷冷道：

「『過去了』？『不再提』？……」

我從她的目光裡，看見一種從未見過的異樣情愫，我微微吃驚的問：

「你是怎樣想法呢？你打算怎樣呢？」

她搖搖頭，只冷冷道：

「沒有什麼。」

我見她神色不大對，正想再問什麼，汽車已駛達門口。我要薇下來，她不肯，茫然望望我，堅決的道。

「不，我要回去了。時候不早了，再會。」

……………………………………

這一天，回到家裡，我說不出的懊惱。我覺得，自己做了件傻事。

「我爲什麼一定要做這樣傻事呢？我有什麼絕對必要做這樣傻事呢？」我自言自語著，來回在客廳裡慢慢踱。窗外淡淡新月投入淡淡的光，室內出現朦朧的微亮。我沒有開燈，讓淺淺月光照著一切。

踱著踱著，我又感到說不出的愉快和驕傲。我愉快，是因爲黎薇失而復得了。我本想把她奉獻出去，現在她卻又回到我身邊，依舊屬於我了。我驕傲，因爲在我所認識的男子中，確沒有一個如我，如我這樣眞愛黎薇，眞體貼她。沒有一個男子可能表現我對她的愛。沒有一個男子可能値得我把她託付給他。我想，經過這一事件，薇對我將有更深一層的了解，更深一層的敬重。事實已告訴她，我確實是她幸福生命的「最後一張王牌」，沒有什麼人可能代替我。

人的心理眞是怪。當我沉悶時，我想擺脫感情。當陳院長來找我時，正是我最感苦悶時，一種內在的衝動，叫我想做一件大刀闊斧的事，叫我想犧牲，想成全人，想試著結束我和薇的關係。此刻，說不出爲什麼，這種沉悶忽然過去了，我內心又恢復愉快。我先前想犧牲的衝動也沒有了。我又想起薇的美麗、智慧，可愛。她那火燄似的迷人形像，又一次燃燒著我的血液。她那顆魔魅的靈魂，又一次鯨魚吸水般地鯨吸著我。

「我們的前程雖然障礙重重，但並非絕對不可克服。只要過一個相當時期，等她的家庭和一般人諒解我們的內在關係，我們的結合就極有可能了。」

想到這裡，我多少又有點悔恨，悔恨自己不該在外面完全隱藏對薇的愛情。儘管我和她熱烈暗戀了三年，明戀了三年，卻從沒有第三人眞知我們內幕。一般人都認爲，我們不過是師生關係，普通朋友。就連過去那位不止一次介紹她的情況的朋友T，儘管不只一次在路上、湖上，邂逅我們，也未滋生疑竇。

「我爲什麼隱瞞呢？我應該逐漸公開，讓外面人知道，我們確實是在相愛，熱愛，愛得不可能再分離。……」

我想，只要我能勇敢點，我們會幸福的。這一次事件，是一個新轉機，它多少影響我對薇的態度。過去，我慣用理智爲她的遠景打算，現在，我卻模模糊糊的發現理智的漏洞。這漏洞究竟是什麼，我一時也分辨不清，但我確已開始感覺漏洞了。這感覺，三年來還是第一次。

經過這一次的波折，我堅信我和薇的前途更光明，更有保障。從這一次波折中，她會更愛我，更了解我的存在價值，這樣，她便對我產生更大的信心，這信心就是我們未來幸福的保障。

我相信，我們今後會平靜的航過愛情海，直達幸福彼岸，海中將再沒有驚濤駭浪和暗礁。

我的設想雖很樂觀，繼之而來的事實，卻給予我一份陰暗的預兆。

近半年來，我和薇的感情，本已達到白熱程度。我們的住處相距不太遠，她乘汽車，十分鐘就到了。我們每天總有一次見面機會。我找她不大方便，經常都是她來看我。即使人不到，也會用信代替，報告一天情形，同時我的覆函便托送信人帶回去。所以少用電話，是怕我們的愛情秘密外洩，萬不得已、刮大風雨和有特殊事務時，她才採用。可能來時，她總來。我的家早已成爲她的精神與肉體的寄托所，每天如不踏入這片空間，她的心魂似乎就不能平安。她告訴我，我這幢房子，是一個勾魂攝魄的魔窟，她的魂魄早被它勾住了。無論她到哪兒，總有一條神秘鎖鏈綰住她。她在自己家裡，或其他地方時，自覺是一個沒有靈性的軀殼架子，無論談笑、散步、看書，只是一種機械的反應，缺少靈性的滋潤。只當走進我的宅子時，她才恢復性靈，由半個人變成一個人。在我的房子裡，特別是我身邊，她感到不可形容的自由、輕鬆、遺形脫骸，好像魚從陸地下了海，鳥從籠內飛上天，風由森林衝入平原。每天她必須來找我，聽我談，看我笑，呼吸我的呼吸，摸我的手，觸我的身子。她的生命，一大半是在我身上，只有貼近我，她才感到自己完整。她幻想，有一天，眞能做這幢房子的女主人，那對她是一種天堂的日子；目前，這個幻想未兌現以前，她先零星透支做女主人的幸福，也算一種不得已的彌補。情形如上，不僅她渴望來，我也期待她來。這一段時間，除了禮拜日，她多半是傍晚來。爲了有時好和我共進晚餐，一同消磨整個晚上。每次，一瞧太陽快落山，我就吩咐李媽，把客廳和音樂室特別收拾得乾乾淨淨，預備最好的水果、茶點，換上最整潔的衣服，獨坐廊臺上，一壁看書，一壁等她。久而久之，這種等待已成爲一種規律，一種習慣。每次傍晚，我期待的姿影，已變成空虛廊臺的必要點綴，似影描白壁，花簪空瓶。黃昏的暗淡色彩，廊臺，我的身形，已是三位一體。這一現象，近半年來，幾乎毫無變化。靠了它，我們的情感彷彿才有更深的保證，更深的聯繫。然而，這一現象，這幾天，竟突然發生變化。

自從遊中山陵分手後，整整三天，她沒有來訪，也沒有一封信。

起初，我以爲她病了，很想去看她。又怕她不是病，而忙著其他事，不歡迎我去。第三日，我遣李媽送了封信給她，註明要回覆，可她沒有覆。

半年來，她接連三天不來，也不給我信，這還是第一次。我預感不是佳兆。但我又不以爲眞會發生什麼大事。「她最多不過有點小病，或小忙吧！」我想。我一面安慰自己，一面卻抑制不住，有些不安。

第四天，下午三點左右，我正準備去看她，她突然來了。

這是一個陰沉的日子。好幾天，就有落雨的徵兆，雨始終未落。鉛灰色的雲彩，凝成一層不透明的固體，沒有晴天的美麗魚鱗形，或捲羊毛形，整個天空呈啞默的凍結狀態，彷彿是一顆含蓄了太多悲哀的幽魂，只有啞默才能表現它的特點。沒有一絲風。沒有一片陽光。庭園裡噗靜極了，不時可以聽見黃葉子墮落的聲音，颯颯嗖嗖的，像自殺者跳河以前的最後幾聲嘆息。窗外，一陣陣秋季的愁怨，神秘的襲來，我的屋子裡暫失往日的明亮，輕鬆。這種愁怨隨動隨靜。一個人孤孓的站在窗下時，只要他一感孤獨，這種愁怨就會浮動起來；假使他並不感到孤獨呢，它就會靜止下去。

黎薇慢慢走進樓上音樂室，——這是我們最愛起坐的空間。她並不看我，逕自坐在鋼琴旁邊，隨便彈著，是「卡伐底那」的伴奏，卻並未嚴格按照原曲的節拍。當她的白白纖手滑動在黑色鍵盤上時，一朵朵鋼琴聲飛出來，如一隻隻灰色鴿子。牠們不規則的迴翔室內，使本就黯淡的空氣更添了一番淒酸。奇怪極了！她雖然不經意的隨便彈，但每一個音籟都說不出的哀涼，彷彿是一些無望的呼籲，沉鬱的獨白。

她繼續不斷的彈，彈，再沒有曲調，只是雜亂彈，彈著不相連貫的零落音符。她不說一句話，也不看我一眼，像羅丹的雕刻傑作「沉思者」，她低低垂下頭，低低的，低低的，……

我望見她的臉：慘淡而灰白，沒有一絲血色，光彩。自我認識她以來，她從未這樣難看過，跡近醜陋過，我幾乎以爲她像神話上的公主，遭了妖婦的魔法，整個臉形被掉換了。

點點滴滴的鋼琴音，一次又一次的響起來，點點滴滴的哀怨，也一次又一次的響起來。

由於鋼琴音響的陪襯，琴室內顯得更靜了。我們似乎置身於一座空寂大山谷，只聽見一聲半聲澗流聲。

一隻貓從廊臺上溜進來，輕輕叫了一聲，跑到她腿下。她一動也不動。

聽著聽著，我終於忍不住了。我跑過去，一把抱住她的腰枝，低下頭，用最溫柔的聲音，有點不安的，在她耳邊道：

「薇，你怎麼三天不來看我？有什麼事麼？你這三天好麼？你身體不舒服麼？你的臉色怎麼會這樣？……」

我預期的是她明媚的笑，接著是這樣一個問答：「這三天我很好。只身體微微不舒服。一切沒有什麼。我很愉快，那件可笑的事已經過去了。……」

但她並沒有這樣笑，也沒有這樣回答。她的兩手離開鋼琴，突然抓住我的手，抓得很緊很緊。她睜著那雙大大的黑眼睛，瞪著我，望了好一會，似乎要直接望入我的內臟，我的靈魂最深處。在她視覺裡，有許多許多極微妙的東西，這些東西所給我的感覺，是超言語超形容的，在這許多微妙東西中，只有一個，我可以用言語形容：它叫「痛苦」。這痛苦纏住她的目光，像蛛網捉住飛蟲，不管她怎樣努力掙扎、掩飾，始終徒勞無功。在這個時候，我如果希望她臉上出現笑容，不啻盼沙漠開薔薇花。

她不開口，用痛苦的眼睛瞟視著我，越望越深沉。她的雙手抓住我的手，也越抓越緊張，像兩隻鋼箝子，幾乎有點顫慄。

她這副神情，嚴重得古怪，我立刻預感到什麼不幸，我渾身禁不住抖顫起來。才一抖顫，我的理智登時抬了頭。一種男性自尊心逼我咬牙暗暗想：「哼，我能擔負任何人所不能擔負的！要來的讓它來吧！」

我索性把她拉到豆紫色長沙發上，抱在我懷裡。我用火熱的眼睛深深注視她，一面注視，一面急促的道：

「愛，你究竟發生什麼事？你的臉色爲什麼這樣蒼白？這樣難看？你從來不是這樣的。你一定發生了什麼事！告訴我吧！薇！最愛的薇！你放心！聖提自信他的肩膀還相當硬，能擔當任何人所不能擔當的。有什麼話，你儘管說出來吧！」我覺得我的心在出血。

起初，她只搖頭，咬緊牙關，一句話不講。最後，給我逼急了，她終於抬起頭來，用一種極兇惡極可怖的眼色凝視著我，像法官宣讀死刑判決書似地，慢慢的，一個字又一個字的，說出下面的話：

「我的一切事情都決定了。我們的一切關係，我都告訴他（指方）了。從今天起，我們是完了！」

說這幾句話時，發聲的似乎不是她，而是另外一個人。她的語氣堅決極了，態度勇敢極了。她這時彷彿是一個敢死隊隊員，正拿起一束手榴彈，向敵人陣地兇猛衝去。

聽完她的話，像遭受雷殛，我駭了一大跳。有生以來，我從未這樣驚駭過。我沒有想到，所謂不幸，會嚴重到這個程度。起初，我所預感的不幸，最多不過是我倆之間的一些障礙，一點陰影而已。我萬萬沒有想到，它竟是死刑、末日。在這死刑兼末日夾攻下，一剎那間，我只覺得一切都完了，一切都無可挽回了，一切都空了。一陣奇異震蕩下，我的心幾乎停止跳盪，要昏迷過去。但我咬咬牙關，勉強壓抑住情感，支撐著自己，一面苦笑，一面用九牛二虎的力氣，掙扎著說出下面一句話：

「決定得這樣快麼？」

她的眼睛死死瞪住我，灰白臉上顯出幾條殘酷線紋，下了最大決心道：

「我必須很快決定，我不能再遲疑了！」

我痴痴凝望她，有點失神落魄的道：

「也好！……我恭賀你。……什麼時候舉行訂婚禮？……」

「兩個星期以內。」

「唔！……」

噤默。

室內比寺院還靜。不知何時起，那隻貓已悄悄由室內溜走了。一陣冷風從樓廊外吹進來，藍色綢窗帷輕輕擺動著，捲起小小的藍浪，接著，兩片梧桐黃葉飄入琴室。這冷風滲透了靜寂的空間，也滲透了我的三魂七魄；這黃葉則使室內氣氛分外現得肅殺。我不禁打了個寒噤。登時，我內心突然產生一種強烈的反動。我冷靜的看著她，冷靜的道：

「你以爲我會痛苦麼？」

她用嚴厲的眼色，面對面瞄著我，以同樣冷靜的聲調說：

「你以爲你不會痛苦麼？」

「是的，我不會痛苦，我只有高興。」我很冷靜的說：「你早就知道，我介紹這個人給你，就是爲了給你幸福，只要你能幸福，我就不會痛苦。幸福在你身上與在我身上是相同的。」

聽了我的話，她突然撒開我的懷抱，跪倒在我面前，匍伏在我身上，放聲大哭。

「聖，聖，我對不起你！我對不起你！我決定得太快了，——我決定得太快了，……」她一面大哭，一面說。

「希望你的幸福也來得很快！」我慢慢的說。

當我說完這句話時，我幾乎想抱住她痛哭一場。我要一壁哭，哭出我的血，一壁向她大聲帶血喊叫，叫出最內在的血淚。可是，我既沒有哭，也沒有喊叫，一種說不出的固執，叫我眼淚往肚裡流，叫我硬撐著平靜態度，保持爲人的自尊。我必須平靜，必須自尊，必須克制感情，要不，我會馬上受到懲罰。

她哭著，越哭越兇，淚水打濕了我的衣褲。我溫柔的拍著她的肩膀，安慰她道：

「薇，薇，理智一點，理智一點！」

我從口袋內掏出藍花手帕，溫存的替她擦眼淚。

她陡然站起來，一面滴眼淚，一面冷靜的道：

「好，我答應你，不哭了。」

她用我的手絹擦乾眼淚，微微冷靜的道：

「好，我現在成全你的願望。你要我嫁給他，我就嫁給他。你要做人，你要為我犧牲自己，為社會犧牲自己，我就幫助你做人，幫助你犧牲自己。……放心吧！我今後要變成一塊石頭！」

我溫存的安慰她。

「何必這樣呢？我們今後不仍是好朋友麼？」

她喃喃著，聲音仍然帶點冷酷：

「哼，朋友，……朋友，……朋友，……」

室內空氣越來越沉悶，我全身像被禁錮在不透氣的罐頭裡。我站起來，無可奈何的道：

「屋子裡太沉悶了，薇，我們出去走走，好不好？」

她堅決搖搖頭：

「不，我要回去了。再見」

她當眞向外面走去。才走到樓梯口，忽然又回轉來，站在琴室門口，冷冷瞶視著我，像一尊冰冷的石像。

我怎麼形容她這時的臉色才好呢？

我沒有一句話能形容。

我沒有一個字能形容。

科學家說，太陽裡面，目前已發生黑點，它一天天會擴大，直到毀滅整個太陽爲止。這時，薇正像那離奇的太陽，充滿黑點，離毀滅只有一兩秒，給人以火燄將整個熄滅，大黑暗將完全開始的可怕感覺。她的眼與臉告訴我：「我身上所有的火就要完完全全死了，黑暗與冰冷將整個佔有我！」

她用那雙又深沉又神秘又強烈的古怪眼色瞪著我，瞪著瞪著，突然用一種慘絕人寰而又冷酷的古怪聲音，貓頭鷹惡叫似的，一個字一個字道：

「六年以前，在與你認識見你第一面的那一晚，我的印象是：你是世界上最殘酷的人！六年以後，在與你離別見你最後一面的今天，我的印象依舊是：你是世界上最殘酷的人！」

說完這幾句話，她頭也不回的走了。

我聽見重重的大門關閉聲。我立刻昏倒在地上。

我不知道自己是什麼時候醒的，也不知道自己在什麼地方；我不知道自己爲什麼昏倒，也不知道醒來以後會不會再暈倒。我只有一個感覺：心痛極了，無法形容的痛！痛！

在我四周，是模糊的黑暗，夜大約已經來了，我暈倒在地上，至少有一個鐘頭。李媽在廚房內忙夜飯，忙家務，樓上沒有一個旁人，我獨自被留在黑暗裡。我不想扭開燈，我憎惡光亮。光亮只是一種欺騙。只有我四周的黑暗才是眞實。我靜靜躺在地板上，渾身癱軟，一動也不能動。千百種思想沖洗著我，像河流沖洗河床，我所有的理智與感情似乎都被沖洗完了，剩下來的只是痛苦、空虛。

一個意識在鞭打我，這意識是：薇走了！

一個思想在痛苦我：薇走了！

是的，薇走了，永遠永遠走了，不再回來！

六年來的愛，六年來的記憶，六年來的笑與淚，六年來的甜蜜與酸辛（幸福的酸辛），都去了，永遠永遠去了，不再回來！

當我獲得薇時，我絕沒有想到會永遠失去她，更沒有想到失去她是這樣可怕。「薇永遠走了！」這一意識才發生幾分鐘，我就感到類似三千年的懲罰。這懲罰壓得我喘不過氣，壓得我發痴發傻，壓得我如醉如狂，……

想不到先前看得那樣單純的自我犧牲，眞到頭上，竟是大禍臨頭，如此可怕！

啊，薇，你在哪裡？你在那裡？你在哪裡？你在哪裡？

啊，薇，你在哪裡？從今以後，我再沒有你的笑，你的淚，你的擁抱，你的溫柔，你的甜馨。從今以後，我再沒有光，沒有火，沒有春天，沒有愛情，沒有溫暖，沒有撫摸。從今以後，我只是一條孤單的鬼影子，幽靈似地在人間飄，飄，飄，飄，飄，……

……

啊，薇，哪裡是你的頭髮？哪裡是你的眼睛？哪裡是你的臉，你的手，你的影子？

啊，薇，你眞就永遠去了，一去不再回？不再回？不再回？不再回？不再回？

我內心大聲喊著，但這喊聲毫無反應，反應的只是四周的黑暗，又冷又可怖的黑暗！

我坐起來，雙手撕扯頭髮，牙齒狠狠咬著嘴唇，我重重的摑打自己耳光。

我沉思。

我有大衝動：想去找薇，把她抓回來，把她搶回來。

但我終於只能苦笑：

「不可能了。一切都不可能了。一切都不可能了！」

自尊心像一條火燄，從我心靈內層衝出來。我必須自尊，我必須擔負一切痛苦！我必須犧牲自己！我絕不能向任何力量屈服！絕對不能！絕對不能！

我終於爬起來，稍稍梳洗整理了一下，不顧李媽的驚訝臉色，下樓通知她：我不在家裡吃晚飯了。

三十分鐘後，我的車子駛到玄武湖。我在船上盤桓了一整夜，一遍又一遍的奏著「卡伐底那」，和別的許多傷心曲子。隨著琴聲，眼淚像雨水似地，滴落在衣襟上。

第二天，我到棲霞山住了一星期。這一星期，我什麼事也不做，每天只坐在山峰頂上，一面看雲彩，一面讓自己的心咬嚼自己的心。

第七章

兩星期後，朋友T告訴我：黎薇與方訂婚了。行訂婚禮的半小時後，她突然倒在母親懷裡大哭，哭了很久，使一般客人感到奇怪。

沒有幾週，我接到黎薇父母與方的家長的紅色喜柬，訂於某星期日結婚，地點在南京最豪華的首都飯店。我只派李媽送了一份厚重禮品去，卻未參加婚禮。我不願去，也不敢去，怕臨時發生意外。饒這樣，聽T說，舉辦婚禮時，她還是一度昏厥，但不久被救醒。大家都認爲她有點神經失常。

婚後，他們旅行西湖，度蜜月，以後情形，我就不很清楚了。兩個月後，只聽T說，方某家庭狀況，其實並不太好。他父親有點C銀行股票，可以維持生活，卻不是常務董事。他大哥在上海主持的是一個小公司，不是大企業；二哥是T省某銀行裏理，不是總經理。看來那位翰林爲了成全兒子婚事，竟向世交陳院長吹牛了。也難怪陳，他平日和方家過從並不密切，當然不知底細。（這是我後來知道的）。至於方到法國留學，是受一個族親資助，後來由於中斷接濟，並未在某軍事學校畢業，就回國了。他目前軍銜只是少校，經濟方面還不如我。不僅如此，他爲人處世，心術並不太端正。過去他對我們那樣彬彬有禮，一半是僞裝。他對黎薇，婚前是體貼備至，婚後卻漸顯原形。舉一個例，婚後才半月，爲了一件小事，他就拍桌子，向薇大發脾氣。

這個婚姻，後來黎薇父母頗後悔，並對我發了一點牢騷。我對他們能說什麼呢，除了暗暗在心中流淚？

陸陸續續，聽到這些消息後，我說不出的痛苦，我只能連連跌足嘆息道：

「我是受騙了！」

說到這裡，我必須解釋一下。

當初陳家與方家，雖說世交，但在陳院長與方翰林這一輩，交往已疏遠。不知從哪裡，方少校打聽到我與陳的師生之誼，才死活央老翰林硬賣老面子找陳，爲自己介紹、吹噓。陳卻不過往昔世誼，又不知道我與薇的眞實情形，只以爲我們不過是普通師生關係，這才託我幫忙。陳是我所敬佩的師長，素來扶植我，對於他的爲人，我一向信任，總以爲他介紹的人，絕不會錯，沒想到他與方過去很少來往，對他家現狀，也不太清楚，只憑方毛遂自薦而已。

事已如此，還有什麼話說？

再說黎薇對我忽改態度，純粹是一種誤會。我介紹方給她，本是爲了她的幸福，她卻誤認我是故意推開她，拋棄她。由於這一誤會，她才由愛轉恨，突然報復我。她憤而和方匆匆結婚，簡直是對我復仇。天知道，這一報復需要多大代價啊！

以後四年，由於結婚數月後，方調杭州工作，我仍在南京，雙方一直未再見面。當然，她曾經回過南京娘家，我卻始終沒有遇到，也未和她通信。偶從朋友T處得到一點消息，只知她的狀況並不幸福而已。

這三四年，我依舊孑然一身。不同的是，過去種種理智色彩，現在是沖淡得多了。薇結婚以後，有一個時期，我過著放蕩的生活。以我當時條件，找女孩子並不困難。我盡可能沉醉在官能中，不再作其他考慮。這幾年內，和我發生肉體關係的女子，竟有好幾個。我並不勉強她們，事先曾取得她們的同意。

對於過去，我不敢再想，我只能沉浸於現實。不過，每當我從現實官能快樂甦醒時，「過去」就不免屹立面前，像一個老朋友。

薇的姿影常浮現眼前。每當獨自去玄武湖划船，一見水上蓮花蓮葉的倒影，我就不禁想起她，以及大風雨時我們在蓮葉中躲雨的那一幕。薇最愛薔薇花，春天，我常買一大束一大束的薔薇，插在花瓶內，每個大房間一瓶。沒有事，我走過一個個房間，一瓶瓶的觀賞著，且不斷用手撫摸，用嘴輕吻，一面吻，一面輕喚她的名字，喚著喚著，眼淚流滿臉頰。我於是拿出琴，奏舒伯特的小夜曲，孟德爾遜的「提琴協奏曲」第二樂章，這是她最愛的兩支曲子。往日，每奏完兩曲，她一定遞兩塊巧克力在我嘴裡，有時接著是兩片美國橘子或碭山雪梨，跟著就是兩個甜吻。享受完了，我再開始奏。然而，此刻儘我奏十遍、一百遍，身邊依然沒有第二人，只我自己的孤影獨襯紅薔薇花。

薇的生日是八月十五，正是舊曆中秋節。每逢這一日，我依舊預備了往日那幾色別緻的小菜，都是薇最愛吃的，像冬菇黃燜雞、蘿蔔絲鯽魚湯、西湖醋魚、蟹黃雞蛋、燈籠青椒炒牛肉絲……。這些菜，因爲她愛吃，李媽早跟她學會做了。我爲她備了一雙筷子，一個碗，好像她就在我身邊似地。這樣，獨自一個，飯還未吃完，我又不禁流了淚。晚上，在明亮月光中，我划小艇到玄武湖心，奏了一夜的琴。

薇替我繡製的枕頭套，已經破了，我一直不換它，甚至很少洗它，怕把上面繡的那朵薔薇花洗破了。

薇送給我的一塊藍地薔薇手帕，一方綠地白薔薇花手絹，每晚睡覺，我總輪流把它們搭在眼皮上。從手帕，我似乎還可以呼吸到薇的肌膚芬芳。因爲，它們是她用過的。

當我們第一次長吻後，那個清晨，在汽車上，我從她鬢邊摘下的月季花，一直夾在一本相片簿上，專貼薇小影的。儘管它早已枯萎了，我還不時把它當鮮花一樣的凝視，欣賞。

關於薇，我能說什麼呢！……

抗戰第二年春初，我在湖南長沙工作，有一天，T從蕪湖來信，他在該市雞公山上一個教會醫院工作。他告訴我，黎薇懷孕，住院待產。這時，該市即將淪陷，方獨自在武漢逍遙，一直未把她接走。

他又告訴我黎薇的生活情形。

她雖然就要分娩，一點也不願休息。醫生的勸告，置若罔聞，每天大半時間，都在戶外消磨。她成天滿山亂兜，兜來兜去，轉來轉去，彷彿貓團團追逐自己影子，神情異常淒苦。

T又說，她曾勸過她幾次，囑她保重身子，但她始終只是苦笑，一句話也不答。

T在信末要求我道：

「黎小姐太孤獨、太淒寂了。她需要安慰，她太需要友誼。你們過去是師生，又是朋友，她平素最尊敬你，過去也最願意接受你的意見，希望你能給她一封信勸勸她。……」

接到此信，我痛苦了許久。

我在一個公園裡徘徊了一天，不知怎樣才好，淚水不時盈滿我的眼眶。

終於，我花了一整夜時間，一面不時流淚，一面寫了一封信給她。信並不太長，但塗改得很厲害，寫了又改，改了又改，這樣，雖忙了一夜，抄好了，卻是一封不長不短的信。我把它另用信封套好了，附在給T的信中，請他代轉。

信如下：

「薇：

我絕沒有想到，在離開你六年後的今天，還能寫這樣一封信給你。我也絕沒有想到，六年後的今天，你會抱病獨自留在那樣一個偏僻的山上，沒有一個眞朋友，沒有一個眞親人。

當我看到朋友T來函，得知你的近況後，我能告訴你我的感覺麼？——我在公園的一個楓樹林內流淚徘徊了一整天，歸來時，你爲我親手縫繡的那條藍地紅薔薇花的手帕，全被眼淚浸透了，像剛從水裏撈起來似的。

你一定問我：「這六年來，你在做什麼？」

我只能回答你兩個字：「想你！」

是的，這六年來，我沒有一天不想你。除了關於你的回憶，我生命裏再沒有什麼寶貴的存在。這六年來，我並不是在生活，而是在回憶。你所留下的那一綹綹黑色髮絲，那些薔薇花瓣，那些繡製的手帕，那些信箋，那些照片，特別是那六大本日記，以及其他許多珍異紀念品，成爲我精神空虛時的唯一安慰。可我又怎麼忍心打開這些日記、照片、信箋、紀念品？我怎麼受得了我的視覺？我的眼睛已變成殘忍的雙手，在爬抓那些尚未癒合的血淋淋傷口，我怎麼受得住？還未爬抓幾秒鐘，雙眼已淚水糢糊，我再看不下去了。

我的一件白色府綢襯衫靠胸口處，曾被你的紅唇吻過，（還記得嗎，有一天晚上，你說要吻我的胸膛？）一直留著一朵鮮紅的法國唇膏痕跡，這襯衫我始終掛在壁上，當作一種裝飾，從此再沒有穿過。每天清晨從床上醒來，一睜開眼，第一眼，我就凝視它上面的紅色殘跡，……這是幸福，也是痛苦。有時候，看著看著，淚水盈眶，我趕快閉緊眼睛，接連好幾天，再不敢看它，彷彿它是一個可怖的妖魔。

上面的事，在六年後的今天，我本不願再對你說，也不該再說。但爲了向你解剖我心底最後一層血肉，爲了完全掃除你對我的最後一滴懷疑，我終於這樣說了，你不怪我嗎？

造成這種懷疑的，畢竟是萬劫不復的命。我現在終於相信命數了。是離奇的命運，勒逼人間創造了這齣悲劇。

還記得嗎？在那些美麗的月夜，我曾爲你朗誦但丁的「新生」詩篇？我常常告訴你：只有但丁對琵亞特里采的愛情，才是人世間最純眞的愛情，這愛情滲透了但丁的一生，也浸透了他全部思想與事業。我雖然不是詩人，但我對你的愛情也正是這一類。太陽可以死，月亮可以毀滅，但我對你的愛情絕不會死，更不會毀滅。爲了我純潔的愛情，爲了我們過去的一段比冰雪更潔白的感情，我請求你答應我一件事：「好好保重自己！」

我再重複一遍：「好好保重自己！」

我今世的痛苦與快樂，全決定於你對我這一請求的態度。

信寫到這裏，我放下筆，拿起提琴，爲你奏了一曲「夏季最後一朵玫瑰」，這是你極愛聽的曲子。我一面奏，一面不斷低低喚你的名字，好像你就在我身邊。爲了這支曲子，爲了我的呼喚，你也該答應我的請求。

啊！我最愛最愛的薇！我依舊是六年前的聖提。我從未眞正改變過。這一生，我從沒有愛過別的女子，今後，也永不會再愛別的女子，你永遠是我心靈皇冠上的唯一寶石。我們過去六年愛情，是我生命中的永生夢境、花園，終古常鮮的，帶給我不死的幸福、沉醉，——哪怕是純粹記憶中的幸福、沉醉。單爲了這些，我最愛最愛的薇，你也該好好保重自己。這是你愛過的聖提對你最後的也是唯一的請求。

我不能再寫下去了。我再受不住了。我的沉默會告訴你更多東西。你一定會珍貴它們的。

永遠永遠愛你的聖提」

一個月後，我接到T的覆函。

他告訴我，他把我的信轉給黎薇了。薇一接過信，立刻臉色發白，雙手直抖顫。才一看完，她登時撕得粉碎；接著，跑到自己房裏，反鎖了門，整整一天沒有出來，連午晚兩頓飯也沒有吃。不管護士怎麼敲門，她也不理。

四個月後，我在香港，這時，T已撤退到武漢。他來信說，蕪湖淪陷，黎薇終於到達武漢。不久，有一晚，由武昌渡長江，她突然從輪船上跳下去，幸好那天沒有大風浪，江面還算平靜，很快就被人撈救上來，現在還住醫院。

聽到這個消息，我的身子冷了半截，我的心臟幾乎停止跳動，我的血液幾乎停止運行。

我渾身發軟，在床上躺了一天，才能起來。

這天晚上，我在淺水灣海邊坐了一夜，卻沒有拉琴。

翌日，我打了個長途電報給他，請他替我買一籃鮮花，悄悄送給她，千萬別讓她知道送花人的名字。如能買到薔薇或玫瑰，最好。花籃內，請他代我寫一張字條：

「請珍惜你可愛的生命，願主保佑你。——無名氏」

這以後，我再得不到黎薇的任何消息，因爲，我的行蹤不再固定，我在一個地方很少住一年以上。我的原有一點積蓄，加上我的檢驗技術，和提琴藝術，足夠我維持生活而有餘。我利用經濟上的豐裕，周遊各地，到處差不多都有我從前的朋友，使我分外感到方便。我在香港住一些時，便跑到昆明，接著，又赴桂林，住了許久，最後抵達洛陽。這樣，三四年消磨過去了。這幾年，我沒有再回故鄉北平一次。遍地烽火，使我無法返家省親。從家書中，我只知道兩件大事，就是，父親、我的原配、和我的長子先後逝世。父親死於老衰，原配與長子則被一場流行霍亂病帶出世界。但她的不幸並不能造成我的幸運，我已無意再婚。再說，究竟正値抗戰，我總得盡一個中國人應盡的責任，我得用我的技術和藝術，對祖國獨立自由的神聖事業做點貢獻。好在我如今孤家寡人，赤條條來去無牽掛，儘可自由行動。老母體質素健，次子在附近縣立中學唸書，她們相依爲命，且有僕役侍候，經濟上，有田地上的豐厚收入，生活尙稱富裕，不需我贍養。這樣，我的生活更自在了。

這三四年，我唯一的痛苦，便是對黎薇的歉疚。我覺得，我曾經做了一件最對不住她的事。我相信：直到此刻，她還受苦難摧殘、折磨，這是我給她的懲罰，但我並沒有權利給她。我無意中懲罰了她，實在是我的最大罪過。

事隔多年，細想起從前事，我這才明白當年的錯誤。無論從哪一方面說，她那時都算愛我極點。我和她的結合，實在是千該萬該。我當時許多顧慮，以及我所認爲的困難，其實並不如我所想的那樣嚴重。第一，黎薇父母如果知道我已有妻室，自然反對我們結合，但如果知道她非我不嫁，意志堅決，他們最後必會成全我們，假若他們眞愛自己獨生女兒的話。否則，我們也不妨先行隱瞞他們一時，等到木已成舟，造就既成事實，再向他們宣布眞相，也不遲。再不然，我和薇遠走高飛，逃到一個極遠的地方，爲了眞正的幸福，我們什麼事情不能做？第二，說到社會觀感，那是有彈性的。當我愈退讓時，社會勢力越現得壯大，但當我進攻時，它就縮小了。社會和輿論力量是一種迷茫的存在，爲它的茫然霧幕所恫嚇，人們常常因此放棄了許多可貴的東西，甚至許多幸福，其實它的內容很空虛，像一隻氫氣球，你只要勇敢的戳它幾個洞，就洩了氣。特別像我和薇的事情，雖然多少有悖傳統常規，但並不算大逆不道，即使社會與朋友們起初不諒解，終於也會輕輕把我們放過去。何況當時西風東漸，封建原配與自由結合的新妻並存，社會上有的是，我既非第一個，也不是最後一個。第三，說到自我犧牲，現在想來，更是可笑了。犧牲自己的結果，別人所獲得的應該是幸福，假如得到的只是痛苦，就證明我的犧牲是一種錯誤。薇現在既然一直在痛苦中打滾，這就證明：我的英雄式的犧牲是最大的錯誤。第四，命運總是變化無窮的，你只要勇往邁進，事情總會往好的方面轉寰。別的不說，僅舉一例，我的原配逝世，就是我們的大轉機，更何況還有別的轉機？

經過深刻反省後，我覺得，當初我最大的戰略錯誤是：（如果必須講戰略，）不該對她的家庭、對我的家庭、對社會，一直採守勢。如果我始終採攻勢，把我們的愛情渲染得滿城風雨，再橫豎橫，硬幹到底，毅然宣佈同居。只要我們敢堅持下去，必會取得勝利。甚至，如果進行一次艱苦的外交工作，說服我的父母和原配，同意我和薇正式結婚，而不出面干預，也未嘗不可能。

總之，這一悲劇的誕生，全由於我的懦怯。假如當時我多勇敢點，少理智點，結局絕不會像今日這樣慘。溯本窮源，一切一切，都得由我負責。大錯鑄成，全是我一個人的罪惡。

每一想到這裏，我就不禁感到痛苦。

我想：「我必須擺脫痛苦！我必須有機會償還欠薇的感情債。」

我又想：「現在，我終算明白過來了。經過這些年的波折，我此時瞭解什麼是幸福了。時間並不算太遲，我和薇並不算太老，我們還可以重新取回幸福，恢復青春。我們還可以燃燒起當年感情，創造新的樂園。」

以上的思想，不斷盤旋腦際，像一隻隻兀鷹。

一個秋天下午，我站在黃河岸上看水，落日似血紅的光芒，描畫在水上，河水紅灩灩的閃耀著，波浪滾滾而下，好像是一條條金色巨蟒。我看著看著，一個決心突然產生了：

「我必須去找薇！」

這決定一產生，我的思想裏便閃出一片光明。我想：

「任何時候，只要我去找薇，她一定是屬於我的。她永遠只能愛我，也永遠必須愛我，我是她生活裏唯一的明亮，唯一的陽光。沒有我，這許多年來，她才沉淪在慘怛中，只要我一出現，她的生活會立刻改觀。我可以斷言，她此刻的生活是極不幸的。」

我決定：這一次，我不但勇敢，並且勇敢得可怕。爲了我們的幸福，我會犧牲我的一切名譽、地位、人格，以及一切的一切。我只要一個東西——幸福！這種幸福，年輕時我絲毫不加珍惜，隨著年齡增大，目前卻無比珍惜了。

我又想到另一方面。以前薇是自由人，我是婚姻的奴隸。現在，我自由了，她卻戴上婚姻的枷鎖。

於是想到我和薇的出走。萬一用合法方式，不能解除她的痛楚，我們會逃，逃，逃到一個很遠很遠的地方，一個人跡罕至的空間。我們將隱居在那裏，消磨今後幾十年。

這一天，離開黃河岸時，我奏了一夜琴，特別是孟德爾遜的提琴協奏曲，我重複奏了好幾遍。

離開薇十年以來，我第一次感到眞正的歡樂。

因爲我有了眞正的希望。

……………………

三天後，我離開洛陽，搭隴海火車到西安，又轉乘公路汽車抵重慶。過去，從T的信上，我知道方在重慶工作。

到了重慶，好容易找到方，出乎意料的，薇竟不在了。自從薇跳長江後，不久，他就藉口她患精神病，利用政治力量，和她離婚了。亂世夫妻，猶如飄萍，更何況薇的老父年邁失意，無能爲力，方卻青雲直上，有的是後臺老板？他此時已和另外一個女子結婚，這位新婦我看見了，長相妖艶，年紀也輕，可就是浮佻，風度哪及得上當年的薇？

方留我吃飯，我謝絕了，我自己也說不出什麼理由。我只覺得，非常厭惡與他們多打交道，那簡直像用牙刷刷喉嚨。

薇的離婚，倒使我說不出的興奮，一種強烈的希望火焰燃遍全身。我差點沒有喊出來：「啊，現在我終於得到你了！」

我打聽薇的住址，方說不大清楚，他只告訴我：薇的父母住在成都某處，如到那兒探詢，一定可以得到她的消息。

告辭了方，我在別的友人處，無意中得知，前三個月，T也調到山城，這樣，我便找到久別重逢的他。他慇懃招待我，詳談薇的離婚情形，說這次離婚，主動者是方。方秉性喜新厭舊，當年追薇，全然是一種虛榮，因爲她是南京的著名美人。及至她年紀稍大，顏色漸衰，加之有時有點神經失常，特別是婚後，她對他一直沒有眞感情，有時怒火中燒，他竟對她動武、耍野蠻。這樣，雙方心距愈來愈遠，他便厭倦於她，終於拋棄她，與一個比她年輕十歲愛慕虛榮的女子結婚了。薇所生的那個孩子，早已死了，他們之間再沒有任何聯繫。

「老兄，這全是你的錯。事隔多年，從一些老友風傳，加上當年偶然耳聞目睹，經過分析，我才多少知道你與黎小姐那時的感情。千不該，萬不該，你不該把姓方的那個撒旦介紹給她。如果當時你能再堅持幾年，抗戰了，亂世婚姻，一走了事，你們不早已獲得永遠幸福了？唉，這眞是命！」他眨了眨那雙依舊有點玲瓏的兔子眼，帶點感喟的道：「當年我曾希望你成爲她那榮譽連的一名榮譽兵。想不到連長沒有折磨兵，兵卻毀了連長！」

聽了T的話，我除了悔恨，能說什麼呢？不過，我內心深處的最後反應，卻是雙重的，我又高興，又悲哀。高興的是：薇終於和方離開了，這樣，我和她之間再沒有障礙。悲哀的是：薇和方的結局是這樣慘，這對她未免是一個重大打擊。在這樣打擊下，她將怎樣痛苦呢？她的那個孩子死了，這又叫她怎樣凄傷？這樣想著，我想見薇的慾望，更加強烈了。我恨不得變成一隻鳥，馬上飛到她身邊。

我離開重慶，到了成都，很容易的，尋著薇的雙親。大出我的意料，薇並不在。她不僅不在家，也不在成都。兩老會見我，驚喜之餘，說不出的難過。看光景，雖然老翁在當地S大學教幾節英文課，勉強糊口，境遇卻大不如前了。我們談到薇的種種，他們都唏噓流淚，我安慰了一陣，便問起薇的住址。他們起先不肯講，說她吩咐過，不許透露給任何人。經不住我苦苦請求，他們被我的眞誠所感動，終於告訴我：薇在西康一個小縣裏教小學。她擇定那裏爲永遠故鄉，隱姓埋名，從此不打算再出來了，所以才與一切人斷絕通訊。兩老深知女兒個性，也同情她的遭遇，只得尊重她的意思。

聽了這番話，我說不出的感到淒然。但是，也增加了我無窮勇氣與信心。我想：「只有我能給她幸福，只有我能拯救她出來。只有我能叫她再生。」

兩星期後，我搭車赴西康。公路車只通康定。到了省會康定，我必須徒步一星期，才能抵達薇的那個小縣。那是一個極偏僻的地方，一切交通工具都沒有。天氣好，還有一種架子車，這時正値嚴冬。大雪不時鋪滿道路，連架子車也沒有了。但我不管這些，決定步行。足足走了七天，才抵目的地。

這是一個落雪的下午，我到了縣城，打聽那個小學，原來還在鄉間一個山裏。這是法國天主教會辦的學校，學生家長大都是教徒，子女入校，多半也信了教。薇的全家本信天主教，與此區教會神父相熟，過去在南京時是朋友，薇才藉這點關係來這裏。

當天下鄉是不可能了，我在縣城旅館裡憩了一夜。翌日九點多鐘動身，路很遠，直走到下午一時半才到。中午只得吃點自帶乾糧，就著一隻軍用熱水壺。

天落雪，雪花像白蝴蝶似的飛舞著，千千萬萬朵撲下來，撲到樹上，飛向田野，舞入山谷，飛到我身上。儘管撐了一柄黃油布大傘，也不濟事。這一片片雪花給我以迷亂的感覺，我彷彿不是走在風雪裏，而是走在白色夢幻中。一步一步，我向前跋涉，忘記了風，忘記了雪，也忘記了自己。只有一個觀念沒有忘記，這就是：「我馬上就要與薇相遇了。」仗著這一熱火火的信念，我才抵抗住四周的奇冷，凜冽，和銀雪的冰凍。西康地勢高亢，冬季特別冱寒，這時至少有零下五度。

當我到達那座小學時，雪還沒有住。這是一個星期日，學校幽靜極了，像是一池死水。雪花飛舞更叫校園添了無限淒寂。我渾身上下都是雪，幾乎變成一個雪人。

我才出現，那個頭髮雪白的門房吃了一驚，他絕未想到，這樣的大雪天，天上竟會飛下我這位不速之客。

我告訴他：我找黎薇。

他搖搖老毫的頭，說沒有這個人。

我解釋好一會，他才恍然大悟。

「你是說李丹小姐嗎？是不是從成都來的那一位？」

我點點頭。想不到她已改名換姓。

「你自己進去找吧。她現在正在靠東的那個教室裏。」

我聽他這樣說，頭也不回，直向裏面走去。這時，我的感情興奮到頂點，一行走，一行想：「我和薇十年不見了，她究竟變成什麼樣子呢？我千辛萬苦，花了兩個月的工夫，跋涉數千里路，來找她，她作何感想呢？假使我事先不通知她，逕直進去，突然出現在她面前，她會驚訝到什麼程度呢？」

想著想著，我的心「トト」跳起來。我的血液急速奔流著。我滿身都是熱辣辣的汗。我似乎不是在走，而是在飛，飛，飛往火裏，飛往大海，飛向高山，飛向深淵，在狂烈歡快中，又雜著很大的恐怖。

奇怪，這時我雖然衝動極點，頭腦卻格外冷靜。

我想：「還是悄悄走進去，看她在做什麼吧！」

當眞輕輕走著，神色一點不慌張。我第一次感到，一個人眞正最緊張時，往往最安靜，最不緊張。

我終於走上一條長長廊廡了，我站在廊盡頭處，向靠東的那間教室望去。我全身血液似乎湧到臉上。

你們說我看見了什麼？

黎薇！

還沒有看兩眼，我渾身就抖顫了，像發瘧疾似地。我問自己：「這是薇嗎？」我又回答自己：「這絕不是薇！」離我眼前約莫兩丈遠的那個女人，絕不是薇！這女人穿著厚厚棉袍，外罩一件粗藍布旗袍，頸上裹著厚厚深灰色羊毛圍巾，全身現得臃腫，笨重，脊背也有點駝。她的瘦削臉孔，不敷一點脂粉，皮膚倒還白淨，卻充滿了皺紋。她的眼睛黯淡無光，散發一股死沉沉的陰氣，彷彿剛從墓窟底棺材中拖出來，仍在展覽死亡。她的頭髮梳成小圓髻，簡單的懸在腦後，頂部薄薄的一層髮絲，一半已經花白。從外表看來，這女子至少已有五十左右，顯得蒼老了。她正靜靜坐在教室門口，身體一動也不動，像一尊石像，只不時輕咳著。她的腳旁，一邊是一隻小黃貓，另一邊是一頭小小黑白花狗。她的兩手放在牠們脊背上，不時輕輕撫摸著，抹去偶落在牠們毛上的飛雪，一面撫摸，一面眺望紛紛翔舞的雪花，並不理會散飄到她身上的碎雪，臉上充滿沉思意味。

她的整個絕望形態、情態，使我聯想起一顆死滅的星球：沒有光、沒有熱、沒有運動、沒有引力，所有的只是又黑暗又空虛的一團。如果宇宙間眞有世界末日，她彷彿正是末日的象徵，可怕極了！

只有她清秀的臉輪廓，叫我依稀分辨出她是薇，此外，渾身上下，再沒有她舊日的痕跡了。

我瞄望著，不禁發痴發傻，眼淚一滴滴的流下來。

我不動，一直怔怔瞧她，看她對我做什麼表示。

大約幾分鐘後，她偶然抬起頭來，對我這邊望了一眼，旋即又轉過臉，依舊茫然凝視白色飛雪。她不認識我了。也難怪！我這時裝束，實在就無法叫她識別。我穿一襲老羊皮袍子，外罩一件黑呢中式大衣，海獺絨領子高高豎著，包裹了半個臉，一頂黑色大呢帽齊眉壓住，遮蓋了小半個臉，連眼睛幾乎也隱藏於帽簷下。

我掏出當年她繡刺的那方藍地紅薔薇花手帕，拭乾眼淚，穿過走廊，終於走到她身邊了。

我輕輕問：

「你認識我麼？」

她慢慢抬起頭，迷茫的望了我一下，輕輕搖搖頭，極遲緩的道：

「不。」

（我相信，我的臉孔也改變得很厲害，叫她無法認識了。）

我揭掉大呢帽，把海獺絨領子放下來，露出整個臉龐，用比較沉重的聲音道：

「你再看一遍！對我的臉孔仔仔細細再看一遍，看我是誰？」

她睜著死沉沉的眼睛，望了我好一會，又搖搖頭，以極慢極慢的聲音道：

「不認識。」

「眞不認識？」

她並不回答我，卻低低道：

「阿咪，回來！」

不知何時起，那隻小黃貓跑到廊簷口。她走過去，捉牠回來，替牠撣去飛雪，抱在懷裏，輕輕搖著道：

「阿咪，乖！聽話！……聽話有魚吃！」

搖著搖著，她臉上浮出一種空虛的苦笑。在她的動作裏，充滿了老年人的落寞、空寂、與僵硬。

看著她這樣，我的眼淚又止不住流下來。我再也忍不住了。我一把抓住她的手，用最激情的聲音道：

「薇，薇，你忘記了我麼？我是聖提，聖提，你的聖提！你怎麼能忘記我？你怎麼能忘記你的聖提？你怎麼能忘記你的聖提？」

我的聲音多少給了她一點影響，她怔怔盯著我，死幽幽的眸子裏，似乎透了點活氣。她輕輕喃喃道：

「聖——提。……………聖——提——聖提！………這兩個字好熟啊！……讓我想想看！……」

她睜大眼睛，傻傻望了我一會，臉上顯出一種古怪的神色。她極平靜的慢慢道：

「哦，你就是聖提！你過去不是我的朋友嗎？」

她用兩手捧著腦袋沉思，皺緊眉頭，好像努力在回憶什麼，找回什麼。接著，她輕輕咳著，茫然道：

「哦，這似乎是許多許多年以前的事了，我有過一個朋友叫做聖提，他和我很好。」

她又望了我一會，搖搖頭，低低嘆息道：

「聖提就是你麼？唔，你現在為什麼這樣醜？我記得你從前是很好看的。………唔，我想起來了，你衰老了，你頭上花白了。」她摸摸自己頭髮，緩緩嘆息道：「唔，我也老了，我的頭髮也花白了。」停了停，她又嘆息道：「咳，我們都老了。」

聽了她的話，我不禁打了個寒噤，全身像掉在冰窖底，冷得叫我幾乎變成一個冰人。猛一抬頭，在反射明亮雪光的教室玻璃窗上，我模糊的看見自己的臉孔與身形。帶回憶性的，我似乎第一次正式注意到：我的黑髮確已花白了不少，我的兩鬢與鬍鬚也微微帶點銀灰色，我的臉上也刻了皺紋，我的脊背也有點弓曲。望著望著，我吃了一驚：

「我竟老得這樣厲害了？——」

從外形看起來，我絕不像一個四十幾歲的人，至少也有五十多歲了。

我喃喃重複著她的話：「我們都老了。……我們都老了。……我們都老了。」

奇怪，在這短短幾分鐘之間，我彷彿經歷一百年大變化，我來時的一切熱烈慾望，似乎漸漸都消失了。但我仍勉強掙扎著。我跪在她面前，流著眼淚道：

「薇，你能饒恕我從前的一切麼？」

她輕輕撫摸我的頭髮，怔怔著，似乎在回憶什麼，思索什麼，捕捉什麼。最後，她輕輕說了四個字：

「我饒恕你。」

接著，她又低低嘆息，喃喃說了六個字：

「事情本來如此。」

感到她的撫摸，我的勇氣又漸漸抬起頭。

從口袋裏，我掏出那方藍色手帕，在她眼前展開了。

「薇，你還認識這個麼？」

她搖搖頭。

「瞧這一角的一朵紅薔薇花。」

她仍搖搖頭。

「薇，你忘記了麼？這是十二年前你送給我的。那個滿月之夜，臨走時，你掏出這方手帕，送給我，說：『今夜，你把它蒙在臉上，讓這朵薔薇伴著月光，陪你享受最美的夢。』」

她怔怔聽著，怔怔望著，回憶著，唇邊掛了一絲苦笑。「也許這樣。」她的聲音更低了。「說這些爲什麼呢？」

她的苦笑儘管是一絲半絲，卻給了我新的勇氣。我想，既然來了，還是把一切告訴她吧。我於是直直跪在她面前，源源本本，詳詳細細，將我此次來意說明。最後，我堅決向她表示：我願意永遠和她在一起，不再分開。

我這些如火如荼的言語，似乎給了她一點影響，有好幾次，她的慘白臉上閃出紅光。

但是，聽完所有的話，她不斷搖頭，輕輕咳著，用低沉瘖啞的聲音，只簡單的重覆下面幾句話：

「遲了！……遲了！……過去的已經過去了；……過去的已經過去了。……過去的已經過去了。……」

低下頭，她溫柔的道：

「我們何必談這些怪話呢？……來看看我的阿咪吧，牠不是一隻可愛的貓嗎？……瞧，牠的綠眼睛在望我們了。」她用手輕輕拍著貓身子，低低道：「阿咪，乖，聽話！……聽話有魚吃。……」

接著，她又把小狗介紹給我，要我注意它耳朵的形狀，它們直豎著，像兩片桂樹葉。

她的言語與動作叫我發了痴，我說不出話。我只能跪在地上，一滴滴的，讓眼淚墜落下來。

偶然間，轉起頭，似乎發現我的眼淚，她像拍小黃貓似地，輕輕拍著我的肩膀道：

「好孩子。……不要哭。……眼淚是不好隨便流的。……眼淚會流乾了的，……」

她輕輕嘆息道：

「唉，老了。……。……老了……」

聽了她的話，我終於站起來，我忽然發生一個最強烈的慾望；逃！是的，逃，我必須逃，我必須逃，我不能再留在這裏。這裏並沒有我的薇，所有的只是一座墳墓，一個黑暗深淵，它們正在開始吞噬我。我再留下去，會發瘋的。在她身上所發生的一切，完全超出一個正常人的忍受的極限。我的心靈狀態，從未準備過這樣一種奇異的變形。我也不想接受這種情形。我祇有離開她，馬上離開她。

我開始發現「過去」的殘忍，它不只瘋狂的折磨人，而且要完全粉碎人們的現實生命，不留一點殘骸。

這樣想著，我便抓住她的手，顫聲的道：

「薇，我走了，你好好——保——重——」

底下的話，我再說不出來，我的喉管梗塞了，眼淚又簌簌流下來。

聽了我的話，她並不站起來，只輕輕咳著，淡淡的道：

「你走了嗎？……好好走……我不送你了。……我不能站起來，我的阿咪在我懷裏睡著了。……」

我用最深沉的眼睛，深深對她注視了最後一瞥，彷彿是瞠視一條死屍、一個木乃伊、一段枯木。

臨離開廊廡時，我還聽見她的叮囑聲音：

「好好走啊！……小心路不好走！……」

經過門房時，我向老人探詢了一些黎薇的情形。他說，她在這裏，其實只是閒住，並沒有教書。事實上，她也不能教書。剛到的頭一年，她倒授過課。以後，她的身體逐漸衰弱，腦子有時也不大清楚，便輟教了。她偶而也教孩子們認認字，那得看她的興緻。她彷彿並不願意教孩子什麼，倒喜歡給他們洗洗臉、剪剪指甲、梳梳頭、補補衣服，特別是，愛照料他們的病。每逢他們之中一個病了，她是個好護士。自然，只能白天照料，她不能熬夜。不過，這只是前兩年的事，今年以來，她不能多做這些事了，因為她自己也在病著。

她篤信天主，早晚虔誠做彌撒，禮拜天上教堂望彌撒，四旬齋吃淨素，她全表現得突出的嚴肅。雖然她口頭上不愛傳教，行為卻是標準的公教徒。正由於這個，再加上她雙親和這一區神父是好友，她才能隱居此地，生活受到教會的照顧。有人說，她往往徹夜不寐，通宵在室內重複做彌撒。

她到這裏快三年了，沒有和外面通過一封信，外間也極少來函。一年內，偶從父母那裏來五六封信，她既不覆，也不拆開，卻隨便丟到床下箱子內。現在，至少積有十幾封了。

聽了門房的話，我除了渾身發抖，渴望逃走外，再沒有第三種感覺。

這時已是下午三點多鐘了。我不顧一切，離開學校，藉著雪光，連夜趕赴縣城。

不久，又化一週，徒步走到康定，搭車赴成都，再轉回洛陽。

離開薇以後，一天天的，我的生活改變得很兇。我再不像往日那樣考究穿著，注重飲食了。我愛好粗衣粗布，遠過綢緞綾羅和毛織品。從粗茶淡飯，我發現異香妙味，勝似山珍海味。一杯白開水，有時也嚐出釅釅的厚味，賽似咖啡紅茶。不用說，小汽車早沒有了。就是有，我也不願坐了。我覺得，徒步比什麼都好、都強。夜晚，沒有事，在燈影模糊的街上，作一次短短散步，這快樂，遠勝過汽車兜風。

我依然繼續拉提琴，它幾乎是我生活中的唯一安慰。但我從不參加集會，也不開個人音樂會，更不教授學生。我甚至厭惡有人請我奏琴。我對樂曲的興趣，也發生大變化，我不再最愛貝多芬和勃拉姆斯的大曲子，我很少奏它們，除非爲了練習技巧。討我歡心的，只是一些小曲子，特別是一些無名作者的民歌。像「甜蜜家庭」、「搖藍曲」一類孩子式的歌謠，或柴可夫斯基從民歌改編的「寂寞之夜」之類，它們所給我的沉醉，超過巴格尼尼樂曲和孟德爾遜的「提琴協奏曲」。一天天的，在這些小曲子裏，我發現燦爛的寶藏。曲調越簡單，我越覺深刻、動人。

偶想起薇，我只感到一種刺激，又酸痛，又甜蜜。它像一杯恰好的酒，不太濃，也不太淡，剛好叫我微醺。我常常陶醉在這種微醺裏，藉它裝飾我的生活，點綴我的思想，調劑我的寂寞。

一個問題有時閃過我的腦際：

「薇爲什麼變成這樣呢？薇爲什麼對我這樣呢？」

解答不外兩種。一種是：她有意裝作如此，對我繼續報復，用自我殘酷報復我過去的自我殘酷；一種是：她並非有意造作，她確實如此，她自己也不知道會變成如此。這十年的痛苦，抵得上一百年，早把她壓扁了。

不管有意無意，悲劇反正命定了！

在洛陽不久，我就變賣一切，隱遯華山，準備把殘餘的生命交給大自然。「我」本來自大自然，此刻再交還它，實在千該萬該。也只有在它身邊，我才能獲得一點慰藉。

對於抗戰，過去五六年，我也總算盡過一點個人責任了。看世界大局，盟軍勝利，已是決定性的了。我爲我的隱遁，感到歉疚。然而，像我這樣的畸人畸行，世間極少，我的生滅，對社會只是滄海一粟。儘管如此，我仍爲我的扮演閑雲野鶴表示遺憾。在我們這個星球上，萬事萬物，不能全按道義的鋼模子去澆鑄，例外的怪事總免不了。

想不到竟遇見你。

現在，我既決定把心頭一點秘密託付給你，你愛怎樣處置，全行。今後，我要到一個很遠很遠的地方，再不會回來了，我們也再不會重逢了。我沒有忘記，目前還在抗戰，我能爲人群做些工作，總該做些。至於我所作所爲，是否應該讓許多人知道，那是另一回事。經上說：「讓你左手不知道你右手所做的。」這句格言將是我的生活原則之一。

最後，我要對你說出我最後的話——在人生大海裏，也是我所捕得的僅有的四尾小魚。我捕了近五十年，只獲得下面四條魚。

第一條魚——當幸福在你身邊時，你並不知道它，也不珍惜它。當你知道它、珍惜它、尋找它時，它已經沒有了！也再找不到了。

第二條魚——爲別人犧牲太大了，有時別人不僅不會得到幸福，反而獲得痛苦。

第三條魚——在生命中，「偶然」雖然可怕，但比「偶然」更可怕的是「自我意識」（也可以解釋做自尊心），這「自我意識」或「自尊心」是許多悲劇的主要因素。

第四條魚——眞正的幸福是刹那的、短暫的、不是永久的。

尾

看完覺空原稿，已是下午。（作者按：上面問世的手稿，已由我整理一遍，與原始稿本略有出入。）我又把它重閱了兩遍，越讀越覺得淒酸，卻又不忍釋手。但我終於只得釋手，不釋手又怎麼辦？在這世界上，我們還能有不釋手的東西麼？

時候將近深夜。月光很美，我無法入睡。我獨自到門外徘徊許久。月光太明亮，太聖潔，它照耀我的臉，也照見我的靈魂。我在玉泉碧水邊散步，聽泉聲流過我的心，在脈管內淙淙響。我一面踱、一面想：「覺空當眞到遠地旅行，不再回來嗎？他究竟到哪裏去了呢？」

不用說，想去尋覓他，是徒然的。他早已向我暗示，勸我放棄這種想法了。

唯一安慰是：他已授我處理稿本的全權。爲了紀念他的友誼，我打算把它整理出版。我忽然想起一個書名：「塔裏的女人」。這是我的一位好友所寫的散文篇名。此文內容，倒是這一故事象徵性的旁註。（關於這個，讀者將來自會知道）

這樣決定後，我心頭略略感到寬舒。

不過，這只是短時間的感受。當我環繞玉泉流水。彳亍漫步時，涓涓的水聲，混織著雪色的月光，漸漸的，使我又黯然了，惆悵了，淒傷了。

蹀著蹀著，從泠泠泉水聲中，我彷彿又聽見「卡伐底那」的提琴聲。接著，一幕幕活動的畫面，電影似地，出現於大月流天的穹幕下。那個帶安格爾優美女像畫風的紅衣少女，她的火焰的形相，似仍在不斷燔燒著，映襯著發光的小夜曲，孟德爾遜的月光味的樂曲。接著是聖潔的唱詩聲，大風琴聲，銀色的月夜，柳樹蔭裏的白色人形。在海樣淵深的沉默後，出現初夏的清晨，媌麗的陽光，瀏亮的鋼琴聲，布穀鳥聲與電鈴聲。於是藍色的燈光，藍色的多瑙河華爾茲，嫋娜的舞步，白蘭地酒杯的碰撞聲，濃濃的哈瓦那咖啡，繚繞的芬芳的雪茄煙霧。又是藍色，藍色的天空，藍色的湖水，白色的鴿子，一條鯉魚的躍水聲。又是「聖母頌」，巴哈的，馬斯加尼的。調子突然轉變了。RaFF上場了，「卡伐底那」憂鬱的鳴奏著，嗚咽的秋風吹過長長廊台。繼而是燕子磯頭的銀雪，玄武湖的風雨，一盤盤綠色的蓮葉，潮濕的蓮花，靜靜的滴著雨水，一片電光閃過黑暗。忽然，馬蹄聲響了，汽車喇叭響了。又是等待，等待。又是「卡發底那」。那頭貓悄悄溜走了。一切光彩死在她臉上，她的眼睛死在他的臉上。白色信紙被撕得粉碎。黑夜中的黑暗長江水滾滾流著。又是雪景——這是最後一次大雪了。它像白蝴蝶似地飛舞著。又是貓，一隻小黃貓在她懷裏睡著了，……。終於又是琴聲，又是一次「卡伐底那」，不，無數次的「卡伐底那」，隨琴聲和玉泉流水混成一片，……

是的，現在我聽到的，不再是琴聲，是玉泉流水，水，水，水，水。……

我再忍受不住了。

我踅回廟內，走入臥室，想睡，翻來覆去，卻睡不著。

這正是午夜，月光皎亮如水。白色玻窗上，幌動著玲瓏的樹枝陰影。月光白，樹影黑，黑白分明，窗上如有雕飾。影在動，我知道有風，風很輕。不知何時起，我竟又一次悄悄走到室外。院子裏亮極了，也靜極了，人們早睡了，除了樹枝擦動聲，再沒有其他聲音；除了月光的銀白色，再沒有其他顏色。這是一個月光的世界，白色的世界，銀色的世界。仲夏夜眞幽，眞深，風颸涼涼的。我獨自徘徊於月色中，微風裏，樹蔭下，說不出的涼颯，也說不出的黯然。我又想起剛才那個故事，那些琴聲，那些流水，它們像四周月光一樣，滲透我的靈魂，浸透我的意識。月色是這樣美，夜是這樣美，樹是這樣美，可我卻覺得說不出的哀涼。

我獨自徘徊，滿天星斗，寂無一語。它們只沉默的閃耀。一隻黑色鳥飛過去了，沒有叫聲，只是翅膀的搖動聲，聲音極輕。遠遠的，偶然一兩聲犬吠，宏亮而美麗，使夜現得分外靜了。眞奇怪，夜爲什麼這樣靜？這樣美？美得不能再美了，美得叫我有點感到淒楚了。我只覺得四周一切似夢似幻，如詩如畫，有無限的透明，有無限的空靈。越是透明空靈，我愈感到模糊朦朧。我望著滿院子俏麗的月光，心頭忍不住有點酸酸的。

我終於回到室內。

月光寧謐的透過玻窗，亮在房內。我坐在窗前，不知何時起，一隻白貓竟悄悄踅進來，躺在我腳下。玻窗外，仍有颯颯輕響，像魚群唼喋。我點起一支白色燭，它燃燒於銀色月光中，柔柔的舞著金色小花朵。在乳色月光中，金色燭光下，我決定：從今夜子時起，由原稿第一行起，開始我的整理工作。

世界上，最富於夢幻美的，是隔岸燈火，隔簾花影，隔牆花香，隔室人語，隔院琴聲。現在，就讓我再一次複奏這片隔紙琴聲吧！

一九四四年夏寫於西安
一九八一年春第一次修改於杭州
一九八二年三月一日第二次修改於杭州
一九八三年三月十四日第三次修改於香港
一九八六年一月第四次修改於臺北
一九八七年三月五日第五次修改於臺北
一九九八年七月十六日第六次修改於臺北

反應：塔裡的女人

傅頌愉

太驚人了，美極了，每一隻字都是精神上的結晶，無名氏那奔放的筆法，像洪水崩堤般飛瀉而下，而他溫馨的一面，卻如風吹垂柳的柔和。他沒有絲毫掩飾，赤裸裸地表現他的內心感情，好使讀者產生共鳴，陶醉在文筆之中，分享他的感受，領略他的訊息。在「塔裡的女人」一書中，每一段落皆是那麼動人，使你心醉，它教人陶醉在故事主人翁羅聖提的每一言論行爲之中，使人了解到羅聖提那至情至聖、敢愛敢恨的矛盾心境。

以整部小說來看，它有著故事的骨幹，雖是比較簡單一點，但都被作者近乎完美的文筆掩蓋了，他的生動的筆法，不但細緻地刻劃了男女主角共墮愛河的心情，更帶領讀者進入故事之中，使讀者如同主角一樣感受到他們的愛情滋味，無名氏巧妙地吸引你分享到他們的歡樂、悲哀、興奮、失望及夢想，教你痴醉其中。

從文學上看來，「塔裡的女人」是文學與藝術結晶，並不是普通的通俗小說。但這書曾引起不少人的非議，有人認爲無名氏塑造的女主角黎薇，他不惜在她身上作種種最誇大的美艷描寫，可惜筆法低俗，有些地方甚至近似色情狂的眼光；亦有人批評他筆下的羅聖提卑鄙淺薄，作者努力想表現她倆的愛情熱烈深奧，不料描寫得俗氣極了；更有人認爲「塔裡的女人」寫得失敗，悲劇憑空亂造，因素太不充足，情節波動十分牽強，全書從頭到尾，只是一連串無謂浪漫的賣弄，音樂被拉來作爲風雅的點綴，博取的僅是一些做作的感動與廉價的眼淚，談不上有什麼正確的思想與意識；也有人針對作者串錯英文。凡此種種，爲數不少。可是這一切都不是重要的，只不過是微不足道的哩。

司馬長風先生說得好，他認爲批評的目的，在探索眞理，而人生有限，知也無涯，任何人的見解，都有其局限性、片面性。我們必須謙虛謹愼，節制自己，尊重對方。當我們評一部書、一篇文章的時候，我們要先想那作者所付出的精神和心思，我們要指出作者應改善的地方，而並不是盲目詆譭，挑剔小毛病。

要眞正品嘗一本精彩的小說，要從文學上著眼才對，所以我對它抱著極高的評價。

（香港明報，一九八〇年八月十日）

跋

火山崩裂的藝術風格，最先出現於米開朗基羅壁畫，他在梵蒂岡西斯廷教堂圓頂繪製「創世紀」，十足渲洩人類的原始情感，眞如維蘇威熔岩漿爆發，硫磺火燄滾滾噴射，足令山川變色，地脈盪決。

火山型的文學風格，眞正始作俑者卻是莎翁。他的四大悲劇，特別是「李爾王」，那種勢吞斗牛的火山氣象，不知道鯨吸了多少觀衆、讀者。直到兩百年後，德國大詩人歌德晚年和秘書艾克曼對話，誇讚了拜倫的詩歌成就後，卻說：不管怎樣，拜倫總比不上莎士比亞的壯麗。壯麗，不只指語言，也兼涉莎翁風格的火山型抒情性。

歌德自己多少類似火山型的藝術面貌，則表現於「少年維持之煩惱」，它象徵德國文學中的狂飆時代。此書雖不如莎劇語言壯麗，卻敢於赤裸裸傾瀉青年的火山情感，遂席捲全歐，甚至有熱戀中的青年携此書自殺。法國小仲馬的小說「茶花女」、不及他改編的劇本風行，而且滲雜一層倫理色彩，但它的情節曲折，和男女主角的動人抒情性，依然製造了震撼效果，類似火山噴射、令人久久難忘。當年兩書譯成中文，還算受讀者歡迎，卻未暢銷，更談不上風靡。譯文欠佳（林琴南文言譯本例外），中西筆致風格相異，是兩個原因，更決定的因素是：譯筆缺少火山型情感，無法激起青年火山感情的迴應。

三十年代起，一股政治力量主宰中國大陸新文藝的時代思潮。不少青年的火山情性，被導引到社會改革運動，以宗教性的社會主義理想化解了青春抒情。安那其主義者巴金，藉革命加愛情的小說，吸引了許多青年。他的作品特色，只是火山型抒情的投影，卻非眞身。但憑著這種多少等於仿冒的熔火噴濺，在一定時間程序上，他卻燃燒了一些青春的心。自然，他沾光於上述治政主宰力量的鬨抬。這一主宰的重大影響，長達十五年之久（一九二九——一九四三）。那一時代，與青年人火山情性眞正相呼應的作品，其實是一片空白。

直到一九四四年，「北極風情畫」，「塔裡的女人」先後出版，這一空白才略爲塡補，並衝破了上述文學思潮的主宰力量，因而有政治傾向性的文人大張撻伐，譴責它們「沖淡了爭民主的浪潮」。兩書在大陸風靡一時，其程度，（且不論藝術如何），若眞正客觀評估，恐怕並不太亞當年「少年維特之煩惱」之在歐洲的影響（註一）。凡是願看小說，而可能獲得此二書的青年，幾乎全讀過（註二）。「聯合文學」編輯回憶往事，比喻爲「風潮狂捲」，不算誇張。我來到香港臺灣後，以及前年赴美國、加拿大、日本時到處遇到二書讀者，即是證明。

今天看來，不管此二書有多少缺點，但當年能衝破巨大政治思潮的控制，赤裸裸傾洩青少年的某種火山情愫，展繪青春期的純粹愛情，渴望人性的夢境之落實，這些總是歷史事實。特別要提出來的是：當時所謂社會「革命」思潮洶湧，不少激進青年投入，此兩書卻強烈暗示，在人的生命中，合乎人性的愛情生活，有時似乎不比政治與革命生活更不重要。當時政治力量似乎有點走火入魔，狂獥鼓吹舉國性的「革命」，上述暗示算是反叛之反叛，其實是人類和平生活的迹近撥亂反正罷了。

此外可說的是：「北極」眞實內涵、影射當時蘇聯的鐵幕，比後來流行全球的鐵幕概念，還早幾年提出。這在當時，也是對政治思潮的嚴峻的挑戰。

我所以提這些往事，因爲，迄今尙無評論家（包括稱許二書者）論及此點。而從本世紀二十年代後期起，直至目前止，六十年來，構成中國歷史、政治、文化（包括文學）的大時代脈搏之跳動的，幾乎始終是一股政治思潮暨行動、和反對唯政治論的思潮暨行動而已。這是中華民族大時代動蕩中的歷史主流，其他不過是支流。

敍過「北極」、「塔裡」與大時代暨中國青年一段姻緣後，我再談談此次「塔裏」修改本。我想，這恐怕是最後一次修改了，此版可稱定本（註三）。

從民國七十年春，第一次在杭州修正算起，俟後又刪改三次，這回是第五次修改了，以此次改動最大。

這次所以大加修改，有不少原因，我只想述其中之一。

偶然再讀「無名氏研究」，翻到傅頌愉那篇「塔裡的女人」，我忽然注意篇末時間，是「一九八〇年八月十日」刊於「香港明報」。這倒引起我的深思，原來它是此書出版三十六年後寫的。所以寫，是由於有些人加以「非議」，傅君不得不站在讀者立場，忠實的直抒己感，已受。此文所以使我感動，倒不是一經他品評，「塔」立刻抬高身價，而是：經過漫長的三十六年後，不少當年的紅作家──如巴金尋人，作品已嚐「落花有意，流水無情」滋味，不只在海外嚐，也在大陸嚐。而「塔」還在海內外得到不少類似傅君的反應（包括銷路），實出我意料。

這似乎說明一個小小眞理：人類精神空間，確具形形式式殊異，你儘可高標你的空間之優越，但另外還有各式人等自足於其空間。期求各種空間的絕對統一，恐怕還不是那樣容易。這些空間是否能長期並存，眞正答案是歷史，是萬千讀者，而絕不是一二所謂「權威」，或自命「權威」。因爲，任何「權威」陽壽不過數十春秋而已。

我這樣說，倒不是迴護「塔裡」種種短處，而是詮釋：青春期的性靈空間，自有其種種特色，火山崩裂型的抒情泄瀉，正是特色之一，「濫情」並非其眞實的或現實的標籤，如果其情是一種眞實或現實。

拿臺灣青年男女流行抒情風格說，不少似受西風東漸影響，新潮派尤熱衷於美國式的「放」。可這不等於「放之四海而皆準」。主因是：按五千年人類文明史教訓，天下最神秘、最微妙、最變化莫測的現象之一，就是愛情。有關這方面的文學、藝術、哲學……等等作品，眞是恒河沙數。可是，不朽的愛情史實，卻像一座座雕像，穿透一切神秘，變幻，堅硬的屹立於你眼前，使你可摸可觸。我常想，除非你是十足「放」派，否則，偉大的愛情史例總會撥雲見日，啓迪你，什麼是眞正偉大的美麗的愛情？遠如焦仲卿與劉蘭芝，趙明誠和李清照的史蹟，稍近如沈三白與芸娘的故事，甚至像時人劉大中教授夫妻，雖不能同年同月同日生，但願同年同月同日死，合葬於臺灣；這些，全以鮮明的事實，「放」現愛情偉大的境界，深度。西方如英國大詩人白朗寧夫婦的崇高愛情事蹟，更不必說了。

愛情不只是男女關係一實是一大藝術，一大學問。大藝術家，大學問家，若想成就不平凡的藝術，學問，靠兩個字，一專，二恒。只要永恒專精於斯，必有所成。偉大的愛情內涵，有繁有簡，若能永恒專一，必有大成。（卻不一定爲人所深知）。當代老中青三代對愛情，不少淺嘗輒止，哪談得上專，恒？他們活了一輩子，永遠在愛情聖殿外徘徊，頂多入門即止，把傳達室當個寶貝，玩樂個不休，怎麼談得上登堂入奧？

「塔裡」的愛情故事，雖遠不能媲美上述種種著名史實，多少卻也試著往這一傾向邁步，所以才獲得許多青年共鳴。

海內外許多青年，迄今對「塔裡」仍有傅頌愉式的反應，上述邁步也是原因之一。有感於四十三年來這類反應之持續，我必須有所回饋，這次才下大決心，作最大的增訂，修改。我希望，經過此次藝術手術，不只能拉近大陸四十年代與目前臺灣文學的語言距離，也對內容及技巧作了些精簡修正。儘管大動手術，卻不致損害此書元氣——原型生命。

遺憾是：有關本書的文史資料，及女主角黎薇的眞人照片，我曾在「聯合文學」發表，未能附于此書，只得連同她的手跡，和另一些未發表的照片，將來統通輯入我另外的散文集了（註四）。

四十二年來一次，我要向黎薇的眞人瞿儂女士致最深謝意，並默禱她如今在天堂安享永恒寧靜，幸福。由於她的故事，千萬青年至少添了一個人生窗口，可以窺視一幅愛情園苑新景。在生活裏，喜怒哀樂其實並不眞重要，重要的是那一霎閃電感悟。感覺就是菓實。了悟更是最美的玫瑰。

無名氏 中華民國七十六年三月六日臺北石牌

【附註】

註一　歐洲青年當時有攜「少年維特之煩惱」而自殺者。據四川重慶報載，有一青年自殺時，身邊有我的長篇小說「海豔」——「無名書第二卷」。

註二　民國四十七年十二月香港「展望」雜誌總九號，刊衣其先生（即後來名作家倪匡）長文「無名氏及其作品」，文中說：「差不多凡是平時愛看看書的人，幾乎無人不知無名氏！無名氏作品能在整個大陸易幟而近乎被消滅殆盡的時候，而在香港有著那麼多的讀者，這眞是太出於我的意料之外了！」

民國六十五年七月廿三日，名散文家張拓蕪先生致卜少夫信（發表於當年九月二七日聯合報副刊）：「祇要不是文盲，相信四十歲以上的人，百分之八十都讀過「北極風情畫」、「塔裡的女人」這兩本書。

註三　「無名氏全集」版的「塔裡的女人」經第六次修改，可算眞正的最後定本了。

註四　「無名氏全集」中的「塔裡的女人」，輯入瞿儂女士及其手跡的照片。